Bridget McDermott

HIEROGLYPHEN ENTSCHLÜSSELN

Die Geheimsprache der Pharaonen lesen und verstehen

Bridget McDermott

HIEROGLYPHEN ENTSCHLÜSSELN

Die Geheimsprache der Pharaonen
lesen und verstehen

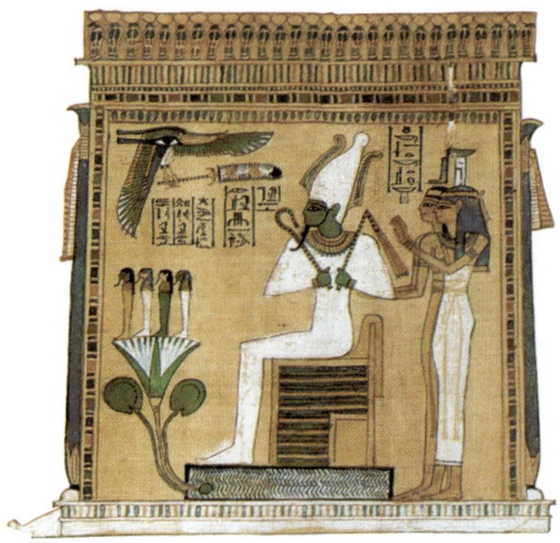

area

INHALT

Bridget McDermott: Hieroglyphen entschlüsseln

Titel der englischen Originalausgabe:
Decoding Egyptian Hieroglyphs
Übersetzung aus dem Englischen von Irene Spreitzer
Genehmigte Lizenzausgabe für area verlag gmbh, Erftstadt

Einbandgestaltung: agilmedien, Köln
Satz: Noch & Noch, Balve
Produktionsbetreuung: Print Company Verlagsgesellschaft m.b.H.

Printed in Slovenia 2006

ISBN-13 978-3-89996-714-2
ISBN-10 3-89996-714-3

www.area-verlag.de

EINLEITUNG

Das Detail aus dem Sarkophag gegenüber zeigt eine geflügelte Kobra. Sie verbindet die Attribute von Wadjet, der Kobragöttin Unterägyptens, und ihrer Schwester Nechbet, der Vogelgöttin Oberägyptens. Die beiden wurden oft als Beschützerinnen des Königs dargestellt.

Die Hieroglyphen verraten uns, wie die alten Ägypter lebten. Erst mit ihrer Entzifferung im Jahr 1882 (siehe Seite 11) eröffneten sich uns die Wunder dieser lang verschwundenen Kultur. Seit jener Zeit haben sich Generationen von Wissenschaftlern mit der faszinierenden und komplexen Sprache beschäftigt, die Schreiber vor über 5.000 Jahren niederschrieben. Grundwissen über die Hieroglyphen kann uns helfen, selbst zu verstehen, was uns die alten Ägypter mitteilen wollten. Die bekanntesten Inschriften preisen die Leistungen der Pharaonen, doch übermitteln die Hieroglyphen auch Beobachtungen, Gefühle – und sogar Humor! Kaum etwas erfüllt mit mehr Stolz als die Entzifferung des ersten Wortes in Hieroglyphenschrift.

Die Hieroglyphen entschlüsselt stellt die Texte in ihren ursprünglichen Kontext. Als Studenten hatten Bridget McDermott und ich mit veralteten Übersetzungsmethoden zu kämpfen. Es gab keine Bücher, die es uns erlaubt hätten, Inschriften direkt in den Tempeln und Gräbern zu lesen, deren Wände sie schmückten. Die Hieroglyphen und die Szenen, die sie beschrieben, bilden eine Einheit. *Die Hieroglyphen entschlüsselt* ermöglicht es Ihnen, in die Welt der alten Ägypter einzutauchen, ausgestattet mit dem Grundwissen, das Sie brauchen, um die Hieroglyphen zu entziffern und schließlich Verständnis für die Kultur zu bekommen und sie schätzen zu lernen. Deshalb ist es mir eine große Freude, dieses Buch zu empfehlen, das verständlich, reich illustriert, gut recherchiert – und vor allem äußerst lesenswert ist.

Dr. Joann Fletcher

ZEITTAFEL: ÄGYPTISCHE GESCHICHTE UND HIEROGLYPHENSCHRIFTEN

Die Ägyptologen sind sich über den Ablauf der Ereignisse vor 664 v. Chr. nicht sicher. Unsere Daten basieren auf den neuesten Erkenntnissen. Die 22. Dynastie bestand zeitgleich mit der 23. und 24. Dynastie.

Frühdynastische Zeit 3000–2625 v. Chr.	Altes Reich 2625–2130 v. Chr.	Erste Zwischenzeit 2130–1980 v. Chr.	Mittleres Reich 1980–1630 v. Chr.
1., 2., und 3. Dynastie	4., 5., 6., 7. und 8. Dynastie	9., 10. und 11. Dynastie (vor der Wiedervereinigung Ägyptens)	11. (nach der Wiedervereinigung Ägyptens), 12., 13. und 14. Dynastie
Archaisch Ägyptisch	Altägyptisch →		
		Mittelägyptisch	

Mit einem Pantherfell bekleidet opfert der Verstorbene (rechts) Osiris, dem Gott der Unterwelt, Papyrus und Lotos (die Symbole der beiden Königreiche Ober- und Unterägypten). Osiris trägt die Symbole des göttlichen Königtums, Haken und Wedel. Das Bild stammt von dem Sarkophag des Anchefenchonsu aus der 22. Dynastie (945–712 v. Chr.).

Zweite Zwischenzeit 1630– 1539/23 v. Chr.	Neues Reich 1539–1075 v. Chr.	Dritte Zwischenzeit 1075–656 v. Chr.	Spätzeit 664–332 v. Chr.	Griech.-Röm. Zeit 332 v. Chr.– 395 n. Chr.
15., 16. und 17. Dynastie	18., 19. und 20. Dynastie	21., 22., 23., 24. und 25. Dynastie	25., 26., 27. (1. persische), 28., 29., 30. und 2. persische Dynastie	Makedonische Könige, Ptolemäische Dynastie, Römische Kaiser

Traditionell Mittelägyptisch →

Spätägyptisch →

Demotisch →

Koptisch →

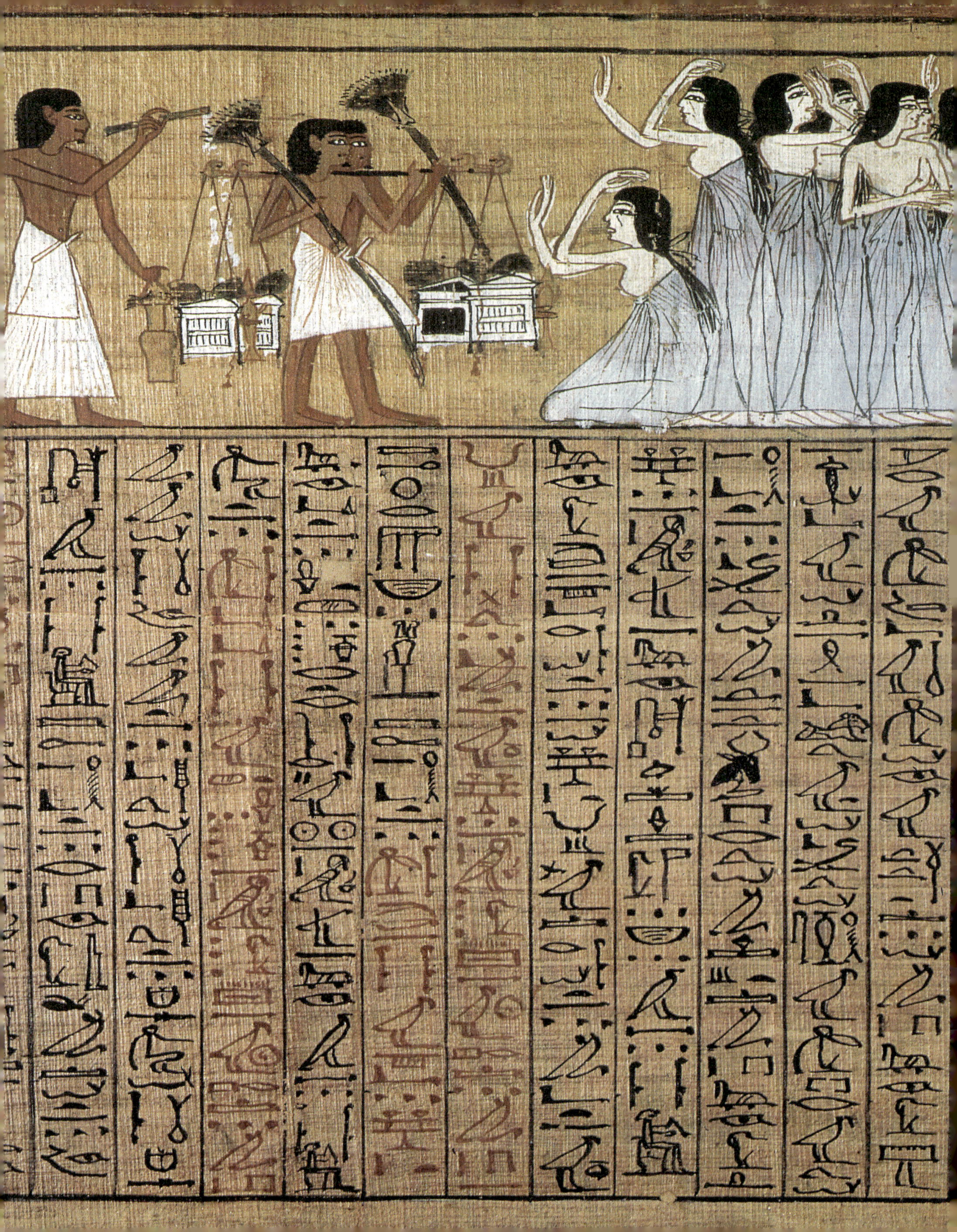

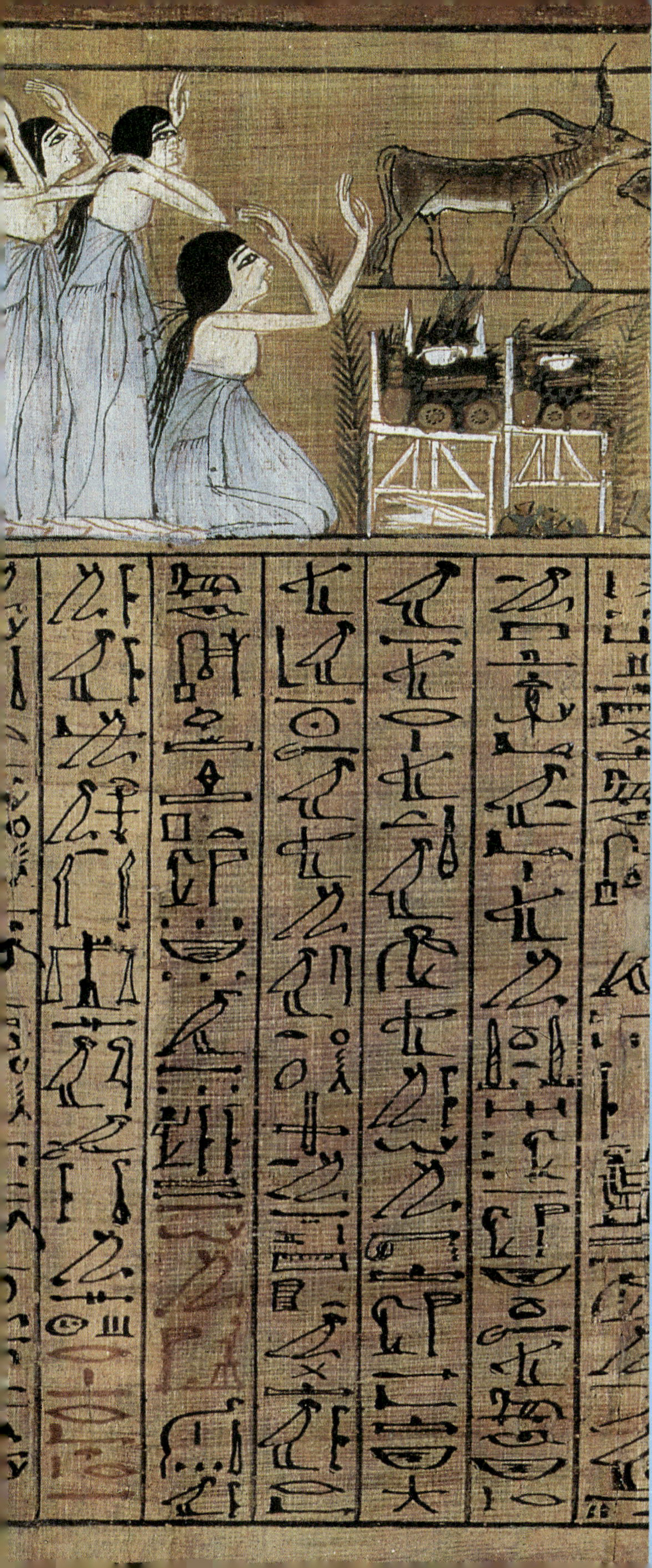

ERSTES KAPITEL

ERSTE SCHRITTE

Fast 1500 Jahre lang galten die Hieroglyphen als hübsche, unverständliche Zeichen. In diesem Kapitel erhalten Sie die Grundlagen, die Sie brauchen, um die vielen unterschiedlichen Zeichen zu verstehen. Wir beginnen, wo die Ägyptologen ihren Entdeckungsprozess anfingen: Sie erforschten die Entwicklung und den Aufbau der Sprache.

Hieratisch auf einem Papyrus aus dem Grab des Schreibers Ani (ca. 1290 v. Chr.) mit Spruch 1 aus dem Totenbuch. Oben: Anis Habseligkeiten werden zu seinem Grab getragen.

ENTDECKUNG & ENTZIFFERUNG

Im Jahr 1799 entdeckte ein französischer Offizier im Fort Julien in el-Rashid (Ägypten) einen Granitstein mit drei Inschriften in Hieroglyphenschrift, Demotisch und Altgriechisch. Damit gelang es, die Hieroglyphen zu entziffern.

DER STEIN VON ROSETTE

Der Offizier gehörte einer französischen Ägypten-Expedition an. So gelangten Kopien der Inschriften auf dem Stein, der nach seinem Fundort „Stein von Rosette" genannt wurde, nach Paris, wo Wissenschaftler den griechischen Teil der Inschrift übersetzten und erkannten, dass der Stein, eine Auftragsarbeit der Priester von Memphis aus dem Jahr 196 v. Chr., die Krönung von Ptolemaios V. beschrieb. Es sollte aber noch Jahre dauern, bis die 14 Zeilen ägyptischer Hieroglyphen entziffert waren.

Der junge französische Linguist Jean-François Champollion bekam mit 18 Jahren eine Kopie der Inschrift auf dem Stein von Rosette. Sein Altgriechisch war hervorragend. Er verglich die Hieroglyphen in den ovalen Kartuschen (von denen man annahm, dass es sich um Königsnamen handelte) mit dem griechischen Text der Inschrift. Andere Wissenschaftler hatten Ptolemaios schon in Griechisch und Ägyptisch entziffert. Champollion nahm an, dass der Name in Lauten geschrieben war und dass jede Hierogylphe für einen Buchstaben stand. Schließlich entzifferte er p-t-o-l-e-m-a-i-o-s von rechts nach links und verfasste ein kleines Alphabet.

Als er auf einer Inschrift den Namen Kleopatra fand, verlängerte er sein Alphabet. Somit konnte er die Laut- und Bildzeichen auf anderen Inschriften entziffern und die Grammatik erforschen. Im Jahr 1822 publizierte er schließlich seine Erkenntnisse.

Der Stein von Rosette enthält 14 Zeilen in Hieroglyphenschrift, 32 Zeilen Demotisch und 54 Zeilen Altgriechisch. Er ist 1,1 m hoch und 72 cm breit. In dem Hieroglyphentext wiederholt sich die Kartusche mit dem Namen Ptolemaios sechsmal mit kleinen Abwandlungen. Wissenschaftler bezeichneten die Namensringe nach dem französischen Wort für Papierrollen oder Patronen für das Musketenpulver als Kartusche, da die ovalen Kästen diesen Papierrollen glichen.

Die längste Ptolemaios-Kartusche lautet: „Ptolemaios, ewig lebender Liebling des Ptah".

Die kürzeste Kartusche auf dem Stein enthält nur den Namen Ptolemaios.

DIE GESCHICHTE DER HIEROGLYPHEN

In dem Kunstwerk auf der gegenüberliegenden Seite können Sie die vier altägyptischen Schriften (Hieroglyphenschrift, Hieratisch, Demotisch und Koptisch) vergleichen. Die erste und dritte Spalte ist in Hieroglyphen geschrieben, daneben finden Sie jeweils die Übersetzung in Koptisch. Im rechten Abschnitt ist der obere Text, ein Weinrezept aus dem Jahr 145 n. Chr., in Demotisch geschrieben, die beiden koptischen Fragmente darunter verwenden griechische Buchstaben. Eine Ausnahme sind die beiden blauen Buchstaben, die aus dem Demotischen übernommen wurden (siehe auch Haupttext).

Um 3000 v. Chr. nahm Ägypten Handelsbeziehungen mit Mesopotamien und den angrenzenden Ländern auf. Die Sumerer Mesopotamiens hatten ein Schriftsystem mit Piktogrammen oder Bildzeichen entwickelt, das die Wissenschaftler viele Jahre lang als Grundlage für die ägyptische Schrift betrachteten. Neue Ausgrabungen in Abydos zeigten jedoch, dass die Ägypter mehrere Jahrhunderte vor den Mesopotamiern eine Bildschrift kannten.

Die ältesten ägyptischen Inschriften stammen aus der Zeit um 3250 v. Chr. Erst schrieb man mit den Bildzeichen vor allem königliche Besitztümer auf, zur Zeit des Alten Reichs (2625–2130 v. Chr.) machte man aber größtenteils religiöse Inschriften oder Gedenkinschriften in Palästen, Tempeln und Gräbern, auf Statuen, Särgen und Sarkophagen und auf Amuletten und Schmuck. Deshalb bezeichneten die Griechen, die Ägypten nach dem Tod von Alexander dem Großen 323 v. Chr. regierten, die Schrift als „Hieroglyphen": von den griechischen Wörtern *hieros* („heilig") und *gluphe* („Inschrift"). Die Hieroglyphenschrift bestand über 3000 Jahre lang zwischen dem 4. Jahrtausend v. Chr. und dem 4. Jahrhundert n. Chr., als das von den Römern besetzte Ägypten unterging. Die jüngsten bekannten Inschriften stammen vom 24. August 394 und wurden auf der Nil-Insel Philae in Südägypten in einem Tempel entdeckt, der der Göttin Isis geweiht war und bis zum 6. Jahrhundert n. Chr. verwendet wurde.

Die Hieroglyphen wurden in Spalten und Reihen, von rechts nach links, von links nach rechts und von oben nach unten geschrieben – nie aber von unten nach oben (siehe Seite 19). Eine vereinfachte Form der Hieroglyphenschrift dürfte sich bald nach Entstehen der Originalschrift entwickelt haben. Im Alten Reich wurde diese vereinfachte Form für weltliche Verwaltungsschriften, für Tempelinschriften und für religiöse Texte verwendet. In der griechisch-römischen Zeit (332 v. Chr. bis 395 n. Chr.) wurde sie nur von Priestern für religiöse Texte verwendet. Die Griechen nannten die Schrift Hieratisch nach dem Wort *hieratikos* („priesterlich"). Hieratisch wurde in Spalten und Reihen von rechts nach links geschrieben.

Eine Kurzschrift (eine Art Stenografie für Verwaltungsdokumente) kam 724–712 v. Chr. auf und war bis zur spätrömischen Zeit (4. Jahrhundert n. Chr.) in Gebrauch. Die Ägypter nannten die Schrift „Schreiben von Dokumenten", heute bezeichnen wir sie aber meist als Demotisch – von dem griechischen Wort *demotikos* („populär"), da sie für profane Texte verwendet wurde.

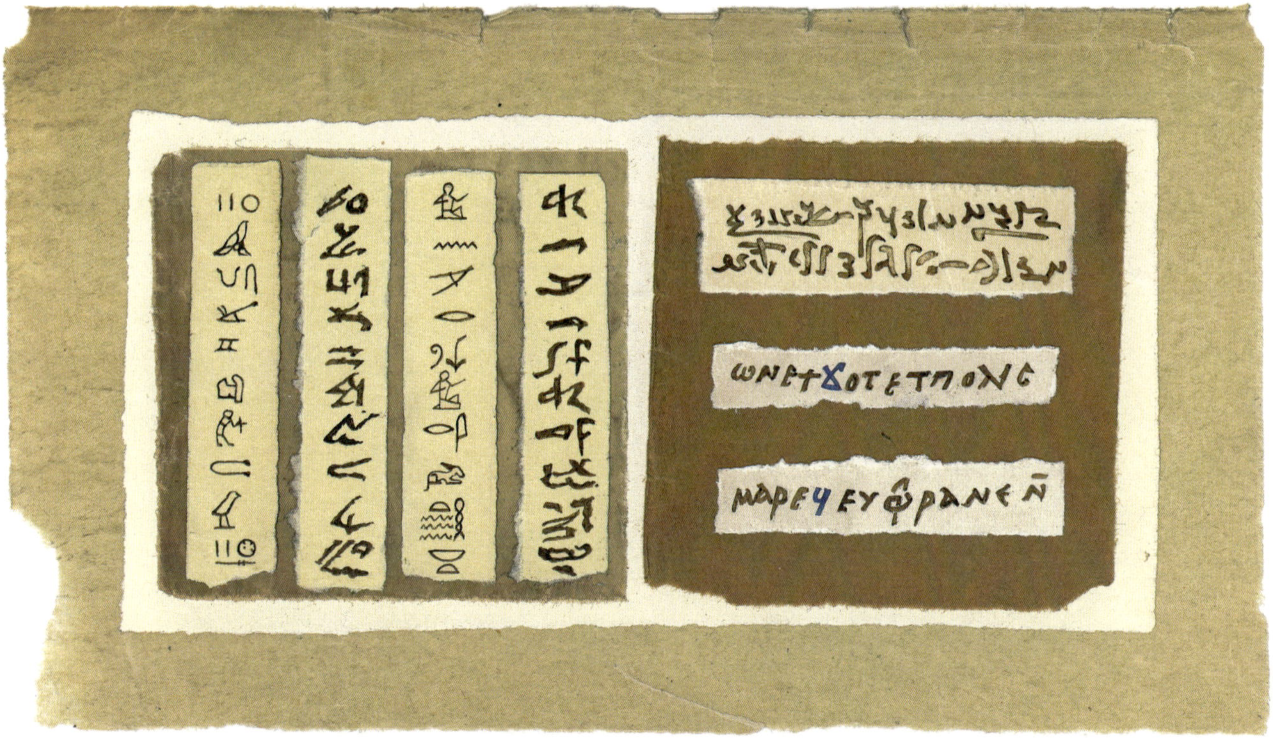

Eine vierte Schriftform war Koptisch, eine griechische Schrift mit sieben altägyptischen Zeichen. Während die altägyptischen Schriften nur Konsonanten kannten (siehe Seite 22–23), verwendete Koptisch auch Vokale. Das ermöglichte es den Gelehrten, die Vokale in den Hieroglyphentexten zu rekonstruieren. Die ältesten koptischen Texte aus dem 1. und 2. Jahrhundert n. Chr. waren magische Texte. Auch der Name „Ägypten" stammt von einem griechischen Wort, *aiguptia*. Nach der Eroberung Ägyptens durch die Araber (640–642 n. Chr.) ersetzte Arabisch größtenteils das Koptische.

Historiker unterscheiden Alt-, Mittel- und Spätägyptisch. Altägyptisch wurde 3180–2240 v. Chr. in offiziellen, biografischen und Grabesinschriften verwendet, Mittelägyptisch (2240–1990 v. Chr.) entstand in literarischen Texten des Mittleren Reiches und wurde weit in die 18. Dynastie (1539–1290 v. Chr.) hinein verwendet. Da Mittelägyptisch grammatikalisch einheitlich ist, eignet sich diese Sprache am besten, um mit dem Entziffern der Hieroglyphen zu beginnen. Spätägyptisch (1573–715 v. Chr.) finden wir vor allem in offiziellen Dokumenten, Inschriften und Briefen.

VERMÄCHTNIS DER SCHREIBER

Die alten Ägypter verehrten jene Menschen, die die komplizierten Hieroglyphentexte lesen oder schreiben konnten. Diese Schreiber erlangten oft hohe Positionen in Religion, Militär oder Politik. Nur die Elite konnte lesen und schreiben. Die Hieroglyphentexte regelten die Verwaltung und dokumentierten politische und religiöse Ereignisse.

Der Schreiber Nebmerutef sitzt vor Toth, dem Gott der Schreibkunst und des Wissens, bei der Arbeit. Die Ägypter dachten, dass nur Toth die göttlichen Geheimnisse der Hieroglyphenschrift enthüllen konnte. Diese Alabasterstatue wurde um 1350 v. Chr. während der 18. Dynastie (1539–1292 v. Chr.) angefertigt.

DIE ROLLE DER SCHREIBER

Die Knaben der ägyptischen Oberschicht besuchten ab dem siebenten Lebensjahr die Schule im Tempel. Hier übten sie das Schreiben auf *Ostraka* (Ton- oder Kalksteinsplitter) oder auf hölzernen Schreibtafeln, die mit Gips beschichtet waren. Die Schüler mussten wahrscheinlich auch Wörter und Phrasen so lange aufsagen, bis sie sie auswendig konnten. Außerdem lernten sie literarische Texte wie Geschichten und Weisheiten.

Man nimmt an, dass die höhere Schulbildung im Alter von 13 bis 15 Jahren begann, wenn die Schüler eine Lehre anfingen. Den gebildeten jungen Männern standen viele Berufe offen. Militärdienst und Schreibkunst waren hoch angesehen. Die zukünftigen Schreiber hatten eine viel versprechende Zukunft vor sich: Qualifizierte Schreiber erlangten angesehene Stellen in der Verwaltung. Den militärischen Schreibern unterstanden Armee und Versorgung. Einige Schreiber waren Architekten, andere entwarfen Skizzen für die Ausstattung der Königsgräber und Tempel mit Hieroglyphen und Bildern und sie überwachten die Künstler und Handwerker bei der Ausführung dieser Pläne.

Manche Schreiber, die auch aus relativ armen Familien stammten, stiegen in der Beamtenhierarchie hoch auf. Imhotep, ein Schreiber und Architekt der Stufenpyramide von Saqqara, wurde nach dem Tod sogar als Gott verehrt. Dasselbe gilt für einen anderen berühmten Schreiber, Amenhotep (siehe Seite 17).

Die alten Ägypter verehrten die Schreibkunst. Männer der Oberschicht ließen Statuen von sich anfertigen, die sie mit überkreuzten Beinen in der typischen Stellung der Schreiber auf dem Boden sitzend zeigten. Meist wurden Schreiber mit Schriftrollen auf den Knien dargestellt. Die Ägypter schrieben auf Knochen, Ton, Elfenbein, Leinen, Metall und Pergament, meist aber auf *Ostraka* und Papyrus. Die Schreiber wählten kleine viereckige Papyrusstücke oder auch Rollen, die mehrere Meter lang waren. Ägyptische Bücher auf Schriftrollen wurden in Schachteln oder Gefäßen aufbewahrt.

Das Hieroglyphenwort für „Schreiber" *sš/sesh* (die Transliteration und Aussprache der Hieroglyphen finden Sie auf Seite 20–23) beginnt mit dem Bild der Palette und Werkzeuge der Schreiber. Das Determinativ (siehe Seite 24) ist ein sitzender Mann, ein Schreiber bei der Arbeit. Die Schreiberpalette enthält schwarze und rote Tinte, mit der Textabschnitte unterschieden wurden. Das schwarze Pigment wurde aus Kohle, das rote aus zwei Arten Eisenoxid und Ocker hergestellt. Beide Pigmente wurden zu kleinen Kuchen geformt, die man mit Gummi und Wasser vermischte. Stift und Pinsel fertigte man aus festen, geraden Schilfstängeln oder aus Holzspänen, die an einem Ende aufgeraut wurden, bis die Fasern Borsten bildeten. Das Wort „schreiben" *sš/sesh* unterscheidet sich kaum vom Wort „Schreiber" und wurde auch gleich ausgesprochen. Es zeigt Palette und Stift sowie das Bild einer versiegelten Papyrusrolle.

EIN ANGESEHENER BERUF

Diese Auszüge aus dem literarischen Werk *Satire der Berufe* aus der Zeit des Mittleren Reichs (1980–1630 v. Chr.) beschreibt die Vorteile des Schreiberberufs.

„Ich habe viele Auspeitschungen gesehen ...
Öffnet euer Herz den Büchern!
Ich habe die Arbeitssklaven beobachtet –
Nichts ist besser als Bücher.
Sie sind wie Boote auf dem Wasser.
Leset das Ende des Buchs Kemit,
Hier findet ihr folgenden Ausspruch:
‚Kein Schreiber in der Stadt
leidet unter seinem Beruf;
Da er die Bedürfnisse anderer erfüllt,
Wird er immer Belohnung finden.'

Sie schenkten sich als Vorlesepriester die Schriftrolle,
Das Schreibbrett als liebender Sohn.
In ihren Gräbern sind Inschriften,
Die Schilffeder ist ihr Kind,
Die Steinwand ihre Gemahlin.
Große und kleine Menschen
Kommen als Kinder zu ihnen,
Denn der Schreiber, er ist ihr Führer."

Der Schreiber Amenhotep, der Sohn des Hapu, ist hier als alter Mann in Schreiberhaltung dargestellt. Unter Pharao Amenophis III. (1390–1353) überwachte er das größte Bauprojekt Ägyptens. Diese schwarze Granitstatue wurde im Tempel von Karnak gefunden. Die Inschrift erzählt uns vom Wunsch des Schreibers, „hinauszugehen und mit den Sternen vereint zu sein".

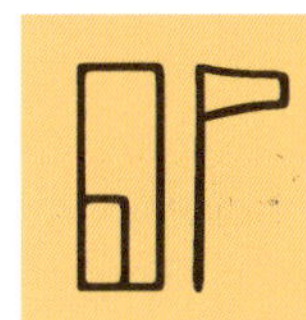

DAS ZEICHEN FÜR *ḤWT-NṮR/HEWIT NETCHER* („GOTTESHAUS" ODER „TEMPEL") BESTEHT AUS EINEM WIMPEL (ALS SYMBOL FÜR DIE FAHNEN, DIE DIE TEMPEL SCHMÜCKTEN) UND EINEM RECHTECKIGEN GELÄNDE.

 **Tempel**

HIEROGLYPHEN VERSTEHEN

Viele Jahrhunderte ließen sich die Wissenschaftler durch die Symbole der Hieroglyphen verwirren. Um ihren Code zu knacken, müssen wir wie Jean-François Champollion verstehen, dass die Symbole Laut- und Bildzeichen sind (siehe Seite 20). Zu allererst müssen wir jedoch wissen, wie die Symbole angeordnet sind.

Ptolemaios V. (205 bis 180 v. Chr.) schuf diese Stele für den Stier Buchis, der in Armant als Verkörperung des Kriegsgottes Montu verehrt wurde. Hinter dem Tier ist Montu als Falke mit ausgebreiteten Flügeln dargestellt (Ausschnitt oben). Ptolemaios V. erteilte den Befehl auf dem Stein von Rosette (siehe Seite 11). Hier bringt er eine Schilfrohrstaude 𓇏 (Teil des Wortes für „Feld") dem Stier dar, der als Fruchtbarkeitssymbol die Erde fruchtbar machen konnte. Die Inschrift besagt, dass die Verkörperung des Stiers Buchis, dem in dieser Stele gedacht wird, im 25. Jahr von Ptolemaios' Regentschaft (181 v. Chr.) starb.

DIE ANORDNUNG DER ZEICHEN

Die altägyptischen Schreiber notierten die Hieroglyphen in Reihen und Spalten ohne Zwischenraum zwischen den Wörtern. Die Reihen werden von links nach rechts oder von rechts nach links, die Spalten von oben nach unten gelesen.

Wie eine Zeile gelesen wird, ist klar, da die Menschen, Tiere und Vögel in den Zeichen immer zum Anfang blicken. Wird zum Beispiel das Wort „Getränk" wie folgt geschrieben, 𓋴𓅪𓂋𓇋𓈗𓀁, lesen Sie es von links, da Gestalt und Vogel nach links blicken. Wird es anders herum geschrieben, 𓀁𓈗𓇋𓋴𓅪𓂋, lesen Sie es dagegen von rechts.

Sind die Hieroglyphen senkrecht notiert, lesen Sie immer von oben nach unten. Wenn bei einer Zeile zwei Zeichen übereinander erscheinen (etwa der Vogel und der Mund in „Getränk"), lesen Sie erst das obere Zeichen. Bei „Getränk" lesen wir also die Zeichen in der folgenden Reihenfolge: 𓋴 (gefaltetes Tuch) 𓅪 (Sperling), 𓂋 (Mund), 𓇋 (Schilfblatt), 𓈗 (Wasserlinien) und 𓀁 (Mann).

In diesem Buch sind die Zeichen so gedruckt, wie wir zu lesen gewohnt sind: in einer geraden Linie von links nach rechts. Für die Schreiber waren die Hieroglyphen aber Teil der Dekoration auf einem Denkmal, einem Grab oder einem anderen Objekt, auf dem sie schrieben. Deshalb ordneten sie die Zeichen häufig nach ästhetischen Gesichtspunkten an. Wenn sie eine Inschrift in ein Monument meißelten, füllten sie mit den Zeichen den verfügbaren Platz. Manchmal wiederholten sie Textteile in der entgegengesetzten Richtung, um ein symmetrisches Bild zu schaffen.

SCHREIBUNG UND AUSSPRACHE

Der Ausschnitt aus der Inschrift von Karnak ist der Zeile auf Seite 21 entnommen. Das Zeichen für „Eule" weist nach rechts, da die Inschrift von Karnak von rechts gelesen werden sollte. Dem Zeichen wurde der Laut m zugeordnet, ausgesprochen wurde es „em".

Vor Jean-François Champollions Durchbruch bei der Entzifferung der Hieroglyphen (siehe Seite 11) dachten die Gelehrten, dass alle Hieroglyphenzeichen für Konzepte oder Dinge standen, nicht aber für Laute wie im deutschen Alphabet. Tatsächlich erkannte Champollion aber, dass die Hieroglyphen Ideogramme (also Zeichen für Ideen und Dinge) und Phonogramme (Lautzeichen) waren.

Viele Zeichen stellen erkennbare Wesen oder Dinge dar wie (Stier), (Pferd) oder (Kind). Andere sind stilisierte Darstellungen eines Dings, auf das sie sich beziehen: (Teich mit Blüten), (Lotos) oder (Palmrippe). Manche Zeichen stehen für das Objekt, das sie darstellen. So besteht das Zeichen für „Mund" aus dem Mundzeichen und einem Strich, der festlegt, dass sich das Wort auf das Ding bezieht, das es darstellt. Auch die Zeichen für „Sonne" und „Arm" repräsentieren die entsprechenden Objekte. Weit mehr Hieroglyphen stehen aber für die Laute der ägyptischen Sprache – sie sind Phonogramme. Man kann zwei Bildzeichen, die für unterschiedliche Laute stehen, zu einem neuen Wort verbinden, das häufig nichts mit den Dingen zu tun hat, die auf den Bildzeichen dargestellt sind. Ein hypothetisches deutsches Wort, das von den Gelehrten oft als Beispiel genannt wird, ist „Glaube", das die Zeichen einer Biene und eines Baumblattes enthält. Wenn Sie versuchen, dieses hypothetische deutsche Wort zu entziffern, und ein Wort erwarten, das mit Bienen, Blättern, Honig oder Bäumen in Zusammenhang steht, würden Sie völlig falsch liegen.

Durch den genauen Vergleich der Hieroglyphenzeichen in unterschiedlichen Kontexten gelang es Wissenschaftlern, einzelne Zeichen einem bestimmten Laut zuzuordnen. Womöglich entsprechen diese Laute den Buchstaben unseres Alphabets. Einige altägyptische Laute haben jedoch keine deutsche Entsprechung und können keinem bestimmten Buchstaben zugeordnet werden. Für diese Fälle entwickelten die Wissenschaftler eigene Lautzeichen (siehe Seite 22–23). Die Übertragung der Hieroglyphenbilder in Laute nennt man „Transliteration". Die altägyptischen Hieroglyphen enthielten keine Vokale (a,e,i,o,u). Deshalb umfasst die Transliteration auch nur Konsonanten.

In dem Zeichen für „Haus" steht das Rechteckt für das Haus. Ausgesprochen wurde das Wort mit den Konsonanten p und r. Deshalb ist die Transliteration des Zeichens auch *pr*. Das Wort „vorangehen" wurde gleich ausgesprochen wie

„Haus". Hier steht das Zeichen für Haus für die Lautverbindung *pr(i)*; das Mundzeichen verstärkt diesen Laut, da es das *r* repräsentiert; das Zeichen der gehenden Beine hilft, zwischen dem Ideogramm für „Haus" 𓉐 und demselben Symbol in dem Phonogramm für „vorangehen" zu unterscheiden. Das Beinzeichen steht für Bewegung und ist daher ein Determinativ (siehe Seite 24).

Die Gelehrten wissen nicht sicher, wie die alten Ägypter die Wörter aussprachen, die sie mit Hieroglyphen schrieben, doch haben sie einen guten Anhaltspunkt dafür, da sie die Hieroglyphen mit dem Koptischen verglichen (siehe Seite 13). Wir können nicht nur die Hieroglyphen in bekannte Buchstaben übertragen (wenn auch nur die Konsonanten), sondern auch die gesamten Wörter in der wahrscheinlichen Lautschrift mit den Vokalen aufschreiben. Das Wort „Haus" 𓉐, dessen Transliteration *pr* lautet, wurde wahrscheinlich „pair" ausgesprochen. In diesem Buch steht hinter den Hieroglyphen erst die Transliteration, dann die Aussprache. „Haus" wäre also 𓉐 *pr/pair*; „Frau des Hauses" 𓎟𓏏𓉐 *nbt-pr/nebet-pair*; der alte Name für Ägypten („das schwarze Land") 𓆎𓅓𓏏𓊖 *kmt/Kemet*.

Der linke Teil des Hieroglyphenreliefs aus der Weißen Kapelle in Karnak, die dem König Sesostris I. (1919–1875 v. Chr.) aus der 12. Dynastie geweiht war, bedeutet: „Leben gegeben [am] ersten Tag [des] Sed-Festes". Dieses Fest wurde traditionell im 30. Regierungsjahr eines Königs gefeiert, um seine Regierungsmacht zu stärken.

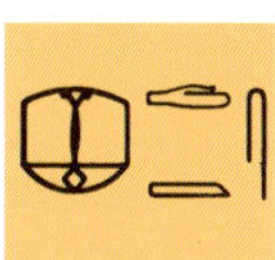

Hand d, unbekanntes Zeichen und gefaltetes Tuch s lauten sd/sed. Links ḥb/heb oder „Fest".

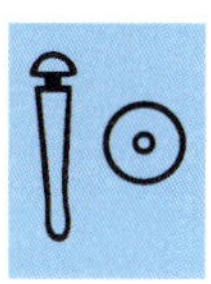

Das Dolchzeichen tp/tep bedeutet „Erster", das Sonnensymbol hrw/heroo heisst „Tag".

Das ankh-Zeichen ʿnḫ/annk gemeinsam mit dem Spitzbrot Di/dee bedeutet „gegebenes Leben".

DAS ALPHABET

Dieser „Skarabäus" (er wird so genannt, weil die Rückseite einem Mistkäfer gleicht) gehört zu den beiden, die Amenhotep III. im zehnten Jahr seiner Regentschaft herausgab (um 1380 v. Chr.). In der Inschrift werden die königlichen Titel von König und Königin aufgezählt sowie „die Zahl der Löwen, die Seine Hoheit mit seinen eigenen Pfeilen in den Jahren 1 bis 10 tötete: 102 wilde Löwen". Die Buchstaben des Alphabets (siehe Kasten rechts) sind im Kommentar beschrieben.

Die alten Ägypter verwendeten ein Alphabet mit 24 „Buchstaben", die für je einen Konsonanten standen. Die Buchstaben finden Sie in dem unten stehenden Kasten mit ihrer Transliteration aus dem deutschen Alphabet (siehe Seite 20–21) oder einem eigens entwickelten Transliterationszeichen sowie ihrer Aussprache.

Die Laute, die in der Transliteration angegeben sind, werden folgendermaßen ausgesprochen: *3* – Schwinglaut, ähnlich „thro'le" (für "throttle") in Cockney-Englisch; *i* – wie „j"; *ʿ* – gutturales „ah"; *ḥ* – emphatisches „h"; *ḫ* – ähnlich dem „ch" in „Loch"; *ẖ* – ähnlich dem „ch" in „ich"; *š* – „sch" wie in „schreiben"; *ḳ* – „kw" wie „q" in „quaken; *ṯ* – ähnlich dem „t" in „Tube"; *ḏ* – wie das „dsch" in „Dschungel".

Die Sprache kannte auch einige Zeichen, die zwei Konsonanten (die so genannten „Zweikonsonanten-Zeichen") oder drei Konsonanten („Dreikonsonanten-Zeichen") kombinierten. Im Anhang auf Seite 158–159 am Ende des Buchs finden Sie eine Liste der Zweikonsonanten-Zeichen und eine Auswahl der Dreikonsonanten-Zeichen.

DAS BASISALPHABET DER 24 EINKONSONANTEN-ZEICHEN

Zeichen	Transliteration	Dargestelltes Ding	Aussprache
𓄿	*3*	Schmutzgeier	*Schwinglaut*
𓇋	*i*	Schilfblatt	*j*
𓇌 oder \\	*y*	zwei Schilfblätter	*y*
𓂝	*ʿ*	Arm	*gutturales ah*
𓅱	*w*	Wachtelküken	*w/u*
𓃀	*b*	Fuß	*b*
𓊪	*p*	Stuhl	*p*
𓆑	*f*	Hornviper	*f*
𓅓	*m*	Eule	*m*
𓈖	*n*	Wasserlinie	*n*
𓂋	*r*	Mund	*r*
𓉔	*h*	Schutzhütte aus Matten	*h*
𓎛	*ḥ*	gedrehter Docht	*hörbar gehauchtes h*

𓐍	ḫ	Plazenta (?)	*ch in „lachen"*
𓄡	ẖ	Bauch mit Zitzen	*ch in „ich"*
𓊃 oder 𓋴	s	Türriegel oder gefaltetes Tuch	*s*
𓈙	š	Gartenteich	*sch in „Schiff"*
𓈎	ḳ	Abhang eines Hügels	*k in „Kuh"*
𓎡	k	Korb mit Henkel	*k*
𓎼	g	Krugständer	*g*
𓏏	t	Brotlaib	*t*
𓍿	ṯ	Schnur zum Festbinden der Tiere	*t in „Tau"*
𓂧	d	Hand	*d*
𓆓	ḏ	Kobra	*dsch „Dschungel"*

DETERMINATIVE

Der Ausschnitt aus einer Kopie einer Grabmalerei auf der nächsten Seite zeigt Osiris mit der gefederten atef-Krone, die zu seinen Merkmalen zählt. Osiris trägt den langen, geschwungenen Bart, der mit Königen und Göttern assoziiert wird. Der Bart ist auf dem Determinativ zu sehen, das für die Wörter „Gott" und „König" verwendet wird (siehe rechts).

Zwei deutsche Wörter können gleich klingen, aber unterschiedliche Bedeutung haben: etwa „isst" und „ist". Da die Hieroglyphen keine Vokale enthalten, wurden unterschiedliche Wörter oft gleich geschrieben. Das Adjektiv „alt" und das Substantiv „Lob" werden *i3w/ahoo* ausgesprochen. Bei diesen Wörtern fügten die Schreiber Determinative hinzu, also Ideogramme, die ein Wort bestimmten oder die Bedeutung verdeutlichten. Das Determinativ für „alt" ist ein gebeugter, älterer Mann, das Determinativ für „Lob" dagegen eine Figur, die die Hände zur Anbetung hebt. Determinative haben keinen Lautwert. Ideogramme eines Mannes oder Teile der männlichen Anatomie wie der Penis und waren Determinativ für männliche Wörter: etwa *s3/sar* „Sohn" und *h3y/häy* „Ehemann". Ideogramme einer Frau waren Determinativ für weibliche Wörter, wie *mwt/muut* „Mutter".

Einige Determinative waren nur an ein Wort gebunden, andere wurden an verschiedene Wörter angehängt, um die generelle Bedeutung eines Wortes zu vermitteln. Sie werden Bedeutungszeichen genannt. Die häufigsten finden Sie im unten stehenden Kasten.

BEDEUTUNGSZEICHEN

- Mann
- Frau
- Gott
- essen, trinken, sprechen, denken, fühlen
- Feind, Fremder
- hoch, jubeln
- Auge, sehen
- darbieten, schenken
- gehen, laufen
- nach hinten wenden
- Glied, Fleisch
- Stier
- Vogel
- Himmel, oben
- Sonne, Licht, Zeit
- Nacht, Dunkelheit
- Luft, Wind, Segel
- Haus
- Stadt, Ort
- Boot, Schiff
- Stoff, Leinen
- Brot, Kuchen
- Weinrebe, Frucht, Garten
- Fest
- Mumie, Ähnlichkeit
- klein, schlecht, schwach

Eine Kopie der Malerei im Grab von Sethos I. (1290–1279 v. Chr.) aus dem 19. Jahrhundert zeigt Osiris am Thron. Einige Determinative sind unten beschrieben.

1 Ein Kreis mit einem Kreuz war das Determinativ für Städte- oder Ländernamen.

2 Eine sitzende Figur mit Bart war das Determinativ für Götternamen (siehe Seite 89).

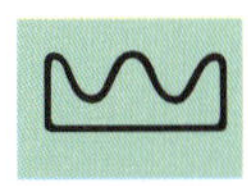

3 Eine Hügelreihe war das Determinativ für Wörter, die den Westen oder die Fremde beschrieben.

ZWEITES KAPITEL

URSPRUNG DER ZEICHEN

Die Welt der alten Ägypter offenbart sich uns in den Hieroglyphen. Die Zeichen der Hieroglyphenschrift umfassen nicht nur Tiere und Vögel, die in Ägypten heimisch waren, sondern auch die Tempel, Häuser, Gräber und Kornkammern, die sie bauten, die Werkzeuge, mit denen sie die Felder bestellten, und die Gefäße, in denen sie Speisen und Getränke aufbewahrten.

Die Wörter „König von Ober- und Unterägypten", „Sohn des Re" und „schöne Dinge" finden wir auf dem Obelisk aus Dahschur (um 1800 v. Chr.).

ZEICHEN AUS DER NATUR

Die Fruchtbarkeit des Landes hing vom Nil ab. Allerdings wussten die Ägypter nie, wie weit der Fluss ihr Land überschwemmen würde. Diese Unsicherheit dominierte ihr Weltbild: Die Menschen wussten, dass Gesundheit, Familienleben und Wohlstand auf Umweltfaktoren beruhten.

AM UFER DES NIL

Die Hieroglyphen, die von der Natur abgeleitet sind, sind oft sehr bildhaft und selbsterklärend. Dazu zählen *i*, das Schilfblatt, , die Schilfrohrstaude, , ein Pferd, und , ein Strauß. Häufig dienten die Tierzeichen als Determinative für Wörter, die Gefühle oder Tätigkeiten ausdrückten, welche die Ägypter einer speziellen Tierart zuschrieben. So wurde das Krokodil mit Aggression und Schrecken assoziiert. Verständlicherweise jagte ein Krokodil, das mit offenem Rachen plötzlich aus dem Wasser auftauchte, den Ägyptern Angst ein. In den Grabmale-

Fischer bringen an einem fischreichen Fluss ihren großen Fang an Land. Das Bild stammt aus dem Grab des Bildhauers Ipi in Deir el Medina. Häufig galten die sumpfigen Flussufer bei den Ägyptern als Orte der schlechten Omen und bösen Geister.

reien, auf denen die Prüfung in der Gerichtshalle dargestellt wird, wurde das Herz des Toten gegen die Feder der Göttin Maat, die Wahrheit, abgewogen (siehe die Seiten 72, 88 und 100). Die „Fresserin" erwartete die, die den Test nicht bestanden. Sie wird oft mit Krokodilkopf und Löwenkörper dargestellt. Das Krokodilzeichen wurde auch im Namen des Krokodilgottes *sbk/Sobek* verwendet.

Die Ägypter hielten manche Fischarten für unrein. Diese konnten nicht Priestern oder Königen geopfert werden. Eines der Zeichen für Fisch war Determinativ in dem Wort *bwt/boot*, das „Abscheu" bedeutet. Dennoch aßen die meisten Menschen regelmäßig Fisch. Ein spezieller Fisch *int/ent* (*Tilapia nilotica*, *Bulti* auf Arabisch) scheint aufgrund seiner roten Färbung mit der Sonne assoziiert worden zu sein. *Bulti* legt die Eier im Mund, brütet sie dort aus und seine Nachkommen springen aus seinem Mund. Deshalb wurde er ebenso wie die Lotosblüte (siehe Kasten Seite 40) zu einem Symbol für die Wiedergeburt.

Der weit verbreitete Frosch wurde mit Fruchtbarkeit und Heket, der Göttin der Geburt, assoziiert. Das Froschsymbol war Determinativ für den Namen der Göttin *hkt/heket*. Das Symbol für Heket war oft nur ein Frosch.

Die Kobra wurde seit den frühen vordynastischen Zeiten mit dem König, der Sonne und dem Königreich Unterägypten assoziiert. Nach der Vereinigung Ägyptens wurde die Kobra als Zeichen der Schlangengöttin Wadjet (die Unterägypten repräsentierte) und dem Zeichen der Geiergöttin Nechbet (Oberägypten) zum Symbol des Königsnamens „Zwei Damen" *nbty/nebti* (siehe auch Seite 6). Eine säugende Kobra, die später die Griechen als *Uräus* bezeichneten, war ein verbreitetes Schutzsymbol auf der Königskrone (siehe Seite 98).

Manchmal war die Ente Symbol für die bösen Geister der Sümpfe. Zu anderen Zeiten galt sie aber als Fruchtbarkeitssymbol. Zwei verbreitete Hieroglyphen für die Ente waren , die Spießente, und , die fliegende Ente, die in dem Wort p3/par „fliegen" vorkommt.

MENSCHEN UND GÖTTER

Wedjat oder das Auge des Falkengottes Horus hat viele Ausformungen. Viele Darstllungen scheinen aber ein menschliches Auge zu zeigen (oben). Andere sind dagegen Abbild eines Falkenauges. Das Wedjat gegenüber stammt aus der Dritten Zwischenzeit (1075–656 v. Chr.)

Durch die Mumifizierung der Leichen (siehe Seite 96) erwarben sich die alten Ägypter ein profundes Wissen über die menschliche Anatomie: Sie kannten die Hauptorgane des Körpers, das Gehirn und zum Teil auch die Organfunktionen. Deshalb überrascht es nicht, dass die Hieroglyphen Körpersymbole enthielten.

In der Mythologie war Horus, der falkenköpfige Gott, Symbol der göttlichen Königsherrschaft. Die frühen Sagen berichten von einer Augenverletzung, die Horus beim Kampf mit seinem Onkel Seth erlitt. Mit einer Lotion aus Gazellenmilch heilte Hathor das Auge, das später zu einem heiligen Symbol und mit der Heilung assoziiert wurde. In den Hieroglyphen wird das Augensymbol des Horus *wḏ3t/wedjat* als „Ganzes" übersetzt. In einer anderen Sage zerbarst Horus' Auge in viele Teile, als Seth es herausriss und wegwarf, doch sammelte der ibisköpfige Gott Toth die Teile auf und setzte sie wieder zusammen. Die Augen des Horus wurden oft mit Sonne und Mond assoziiert. Man nimmt an, dass die Ägypter in der Geschichte der Verletzung und Heilung des Auges das Auf- und Untergehen des Mondes sahen (siehe auch Seite 146–147).

Das Auge des Horus war als Anhänger oder Amulett beliebt. In Bildern aus dem Neuen Reich (1539–1075 v. Chr.) ist *Wedjat* oft hinter dem König schwebend mit Flügeln dargestellt. In der Hieroglyphenschrift verwendete man eine einfachere Darstellung des Auges, um das menschliche Organ und seine Funktion zu beschreiben. Andere Augenzeichen waren, das geschminkte Auge, und, das Auge mit Schminkstrich. Ein weinendes Auge war Determinativ für das Verb „weinen" *rmi/remi* (siehe Seite 106). Ein anderes Auge mit Schminkstrich war Determinativ für das Verb „schlafen" *ʿʿwy/oo-way*.

Das Phalluszeichen oder bestimmte häufig Wörter, die Männer und männliche Tätigkeiten bezeichneten. Es war Determinativ für die Wörter „Ehemann" und „Sohn" (siehe Seite 24) und für das Wort *nk/nek* „kopulieren" (siehe auch Seite 108–109). Außerdem war es Determinativ für das Wort „Stier". Dieses Tier verehrten die alten Ägypter als Symbol für Fruchtbarkeit, Tapferkeit und Regeneration (siehe Seite 34).

Der Phallus kommt in frühen Sagen vor. Nachdem Osiris von seinem Bruder Seth ermordet worden war, wurde sein Körper zerstückelt und in den Nil geworfen. Isis, die Schwester und Frau von Osiris, sammelte die Teile auf, setzte sie zusammen und schuf so die erste Mumie.

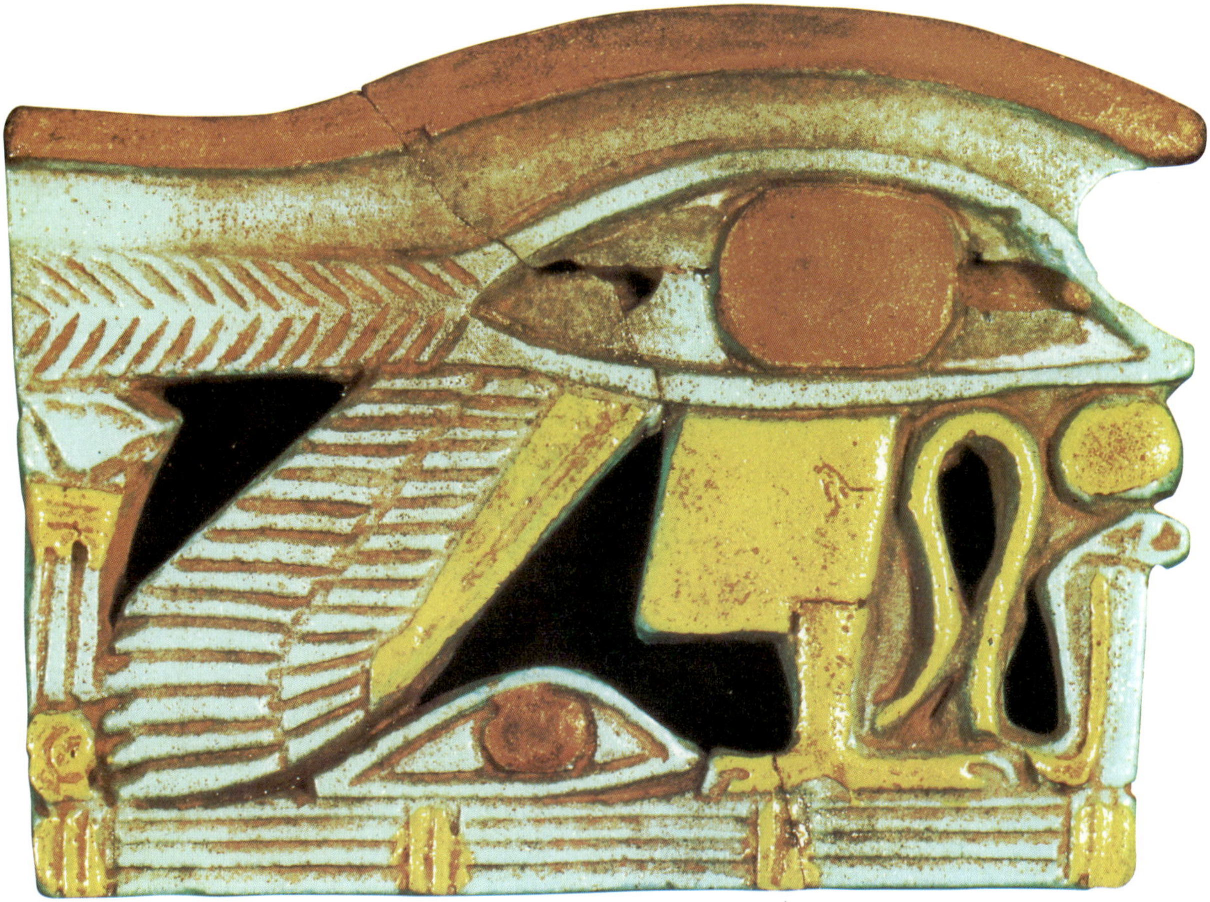

Mit ihrer Magie erweckte sie Osiris' Körper zum Leben und machte ihn sexuell potent. Der Phallus wird in den Darstellungen dieser Sage in Tempeln betont.

Vielleicht war das Rückgrat Vorbild für die Djed-Säule, die in Ägpyten zu einem wichtigen Symbol für Stabilität aufstieg. Djed ist eine stehende Säule mit waagrechten Streifen oben (siehe Abbildung Seite 32). Das Hieroglyphensymbol war 𓊽. Einige Wissenschaftler betrachten es als Pfahl mit Kornähren. Im Alten Reich (2625–2130 v. Chr.) wurde Djed laut der Mythologie von Memphis mit dem Schöpfer Ptah assoziiert, doch wurde die Säule immer öfter mit Osiris verbunden. Im Neuen Reich war sie ein Symbol dieses Gottes, der oft mit seinem Rückgrat identifiziert wurde. Im Neuen Reich wurde das Djed-Symbol innen am Boden der Särge an der Stelle gemalt, wo der Rücken der Mumie liegen sollte. So

Als Symbol der Heilung und Ganzheit galt Wedjat, das Auge des Horus, unter den Lebenden als schützendes Amulett. Den Mumien wurde Wedjat ins Grab beigegeben. Die Menschen malten Wedjat auch auf den Bug ihrer Boote.

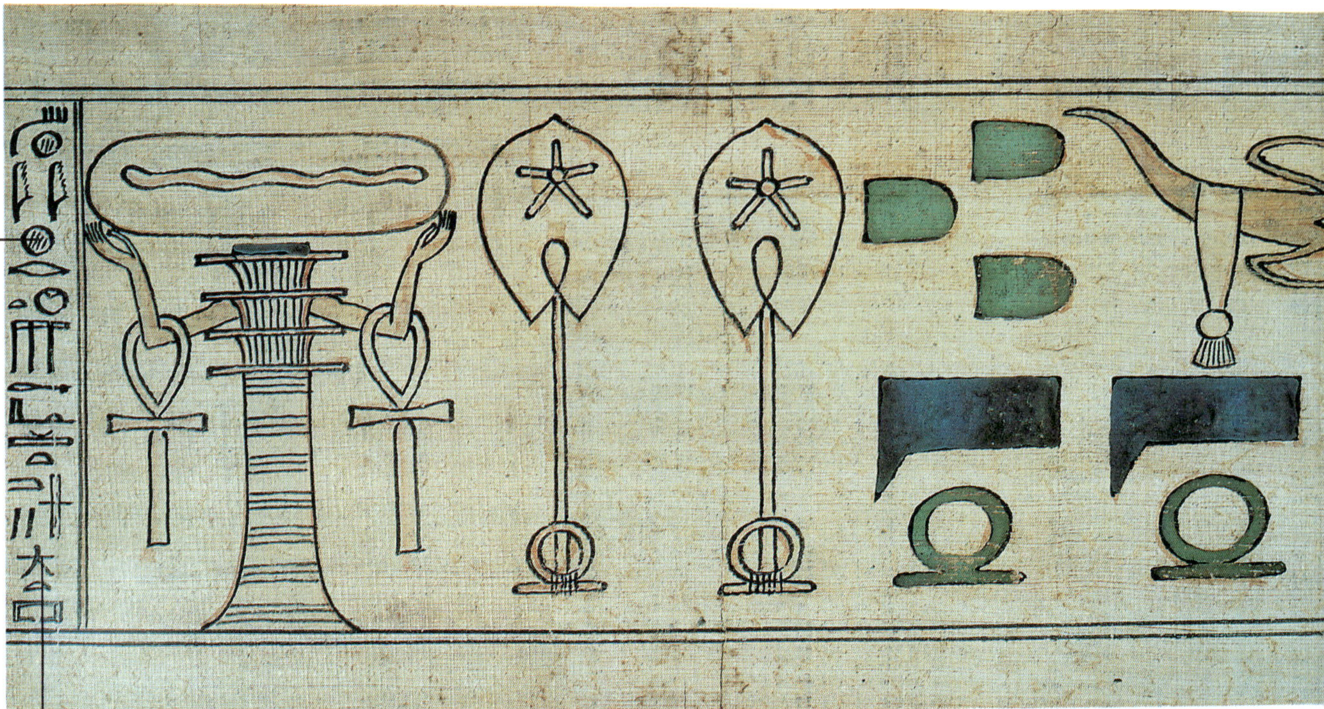

2 Die Unterwelt

1 göttl. Dinge

Die Djed-Säule soll die Wirbelsäule darstellen. Sie wird mit menschlichen Armen dargestellt, die ☥, Anch, das Zeichen des Lebens, in diesem Abbild aus dem Totenbuch halten. Das Buch gehörte Chensumose, einem Priester der 21. Dynastie (1075–945 v. Chr.).

wurde der Verstorbene symbolisch mit Osiris gleichgesetzt.

Die Djed-Säule wurde auch mit dem Königtum assoziiert. Einige Wissenschaftler meinen, dass bei jeder Thronbesteigung eines Königs eine alte Zeremonie durchgeführt wurde. Dabei musste der König mithilfe der Priester eine große Djed-Säule mit Seilen aufrichten. Die Zeremonie sollte wohl Kontinuität und Stabilität am Übergang zwischen zwei Herrschaften symbolisieren und das neue Leben des verstorbenen Königs in der Unterwelt feiern. Anfangs gedachte die Feier wohl Osiris' Rückkehr zu den Lebenden.

Die Hieroglyphen für „Arm" *ʿ/ah* und „Kopf" *tp/tep* enthalten Darstellungen des Unterarms und eines Profils des menschlichen Kopfes. Das Zeichen für Unterarm war in vielen Wörtern Phonogramm als ʿ, ein Gutturallaut, der dem Deutschen unbekannt ist (siehe Seite 22–23). Er war auch in dem Wort der ägyptischen Maßeinheit Elle (ungefähr 50 cm) enthalten, da die Einheit den Abstand zwischen Ellenbogen und Fingerspitzen maß (siehe Seite 142–143). Das Wort Elle *mḥ/mer* wurde manchmal als geschrieben. In unterschiedlichem Zusammenhang wurde der Unterarm mit Objekten wie einem runden Brotlaib, einem Stock, einer Schüssel und einem

Zepter dargestellt. In einer Variante des Verbs „jagen" *bḥs/bee-hess* hält der Unterarm einen Stock, ebenso in einer Form des Verbs „Vögel fangen" *sḫt/sek-et*. Auch in dem Verb „einbalsamieren" *sdwḫ/seddoak* (siehe Seite 64) sind Unterarm und Stock enthalten, ebenso in dem Zeichen für „Soldat" *wꜥw/oaho* (siehe Seite 120).

Auge, Wange und Nase im Profil war Determinativ in dem Zeichen für „Nase" *fnd/fend*. Dasselbe Symbol war in dem Wort „küssen", oder *sn/sen*, enthalten (siehe Seite 108–109). Außerdem war das Symbol Bedeutungszeichen (siehe Seite 24–25) in Wörtern, die mit Freude oder dem Riechen assoziiert wurden. Die Hieroglyphe für „Körper" *ḫt/het* verband ein Zeichen, das einen Tierkörper mit Schwanz und Zitzen darstellte, mit einem Brotlaib (phonetisch *t*) und einem Strich. Das Determinativ in dem Wort „Zahn" *ibḥ/eber* stellte den Stoßzahn eines Elefanten dar.

Zwei Arme waren Determinativ für das Verb „umarmen" *ink/enk*. Dieses Wort bedeutete manchmal auch „einhüllen", wie aus manchen Kontexten hervorgeht. Im Mittleren Reich (1980 bis 1630 v. Chr.) entstanden viele Statuen einer Familie, bei der der Vater ein Kind vor ihm so berührte, dass seine Arme die Form dieser Hieroglyphe bildeten. Bei manchen Statuen hält Isis ihren Sohn Horus so vor sich, dass ihre Arme die Form des Symbols haben. Ein ähnliches Zeichen wurde für das Wort *ka* oder Geist *k3/car* verwendet (siehe Seite 100).

Das Symbol der gehenden Beine war Bedeutungszeichen für Wörter, die mit Gehen, Laufen oder ähnlichen Tätigkeiten assoziiert wurden, zum Beispiel bei einer Form des Verbs „jagen" *bḥs/bee-hess* und dem Symbol für „Militärexpedition" *wḏyt/wajeet*. Eine andere Darstellung von Bein und Fuß bestimmte Wörter, die mit diesen Körperteilen verbunden waren.

Das Zeichen für „Haar" ist deutlich an Bilder von Haarteilen angelehnt, die viele Ägypter trugen. Bei Begräbnisfeiern beschäftigten wohlhabende ägyptische Familien professionelle Trauernde. Als Zeichen der Trauer weinten die Trauernden laut und zogen sich am Haar, während sie dem Katafalk mit dem Leichnam folgten. Das Haarzeichen als Determinativ ist nicht nur mit dem Wort „Haar" verbunden, sondern bestimmt auch Wörter wie „Witwe" *ḫ3rt/hart* oder *ḫ3rt/hart* (beide enthalten auch das weibliche Determinativ) – und „trauern" *i3kb/eakheb*.

Der gegenüber abgebildete Text aus Chensumoses Totenbuch ist nur ein Fragment und kann nicht sinnvoll übersetzt werden. Details werden nachfolgend erklärt.

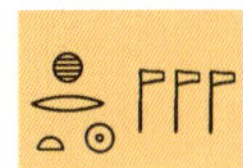

1 ODER NṮR-W/NETCHER-OO „GÖTTER". DIE ZEICHEN FÜR PLAZENTA, MUND UND BROTLAIB BEDEUTEN ḪRT/HURT, „DINGE"; DAS SONNENSYMBOL IST DAS DETERMINATIV, DIE SEQUENZ BEDEUTET „GÖTTLICHE DINGE".

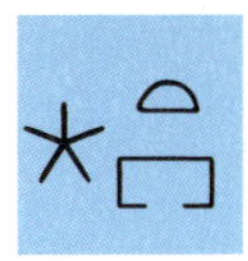

2 DAS STERNSYMBOL UND DER BROTLAIB BEDEUTEN SB3T/SABAT, UNTERWELT. DAS HAUSSYMBOL IST DETERMINATIV, DA DAS WORT DEN WOHNORT VON OSIRIS BESCHREIBT.

DIE TIERWELT

Die Rinderzählung, die alle zwei Jahre abgehalten wurde, war ein wichtiges Ereignis auf den Bauernhöfen. Darstellungen dieses Ereignisses wurden für das thebanische Grab von Meketre (um 2000 v. Chr.) aus dem Mittleren Reich in Holz geschnitzt. Der Haushaltsvorsteher sitzt mit seinem Sohn und vier Schreibern auf einem Podest.

Die Landwirtschaft war in Ägypten Quelle des Reichtums. Die Tiere wurden zum Transport verwendet und boten den reichen Ägyptern Nahrung. Die Größe der Herde eines Haushalts bestimmte den Wert eines Hofes. Das Zeichen für „Vieh" *mnmnt/menment* wird von einer gehörnten Kuh dominiert, die Striche darunter geben dem Wort Pluralbedeutung: „Kuhherde".

Obwohl die Menschen die Tiere als Verbündete schätzten, sahen sie in ihnen auch mögliche Feinde. Die Ägypter lebten in Angst vor menschenfressenden Tieren und Reptilien. Da die Hieroglyphen durch Magie und Rituale (siehe Seite 63) zum Leben erweckt werden konnten, galten die Zeichen mit wilden Tieren und Reptilien als gefährlich. In religiösen Schriften wurden den Tierfiguren ihre Macht manchmal genommen, indem man sie gefesselt oder geköpft darstellte.

Tiere spielten im religiösen und kulturellen Leben eine wichtige Rolle. Die Menschen verehrten Stiere, da sie ihnen die Kraft und das Wesen von Göttern zuschrieben. Der heilige Stier von Apis in Memphis galt zum Beispiel als Verkörperung von Ptah im Leben und von Osiris im Tod; und der Stier, der im Armant verehrt wurde, verkörperte den Kriegsgott Montu (siehe Seite 19). Tier-

opfer waren wesentlicher Teil der Tempelrituale, die den Boden fruchtbarer machen sollten. Häufig enthielten Wörter Tierdeterminative, die Opfer beschrieben. Heilige Stiere und Löwen, die für Fruchtbarkeit und Stärke standen, wurden in den Namen und Titeln der Könige verwendet. Der König konnte „starker Stier" heißen. Und das Wort für „Erbprinz" *ḥ3ty-ʿ/harty-ah* enthält Löwenkopf und Pranken.

Tiersymbole vermittelten auch die Eigenschaften, die einem bestimmten Tier zugeschrieben wurden. Das Symbol für Kaulquappe war die Hieroglyphe für die Zahl 100.000 (siehe Seite 142).

FREUNDE UND FEINDE AUS DEM TIERREICH

KATZE *miw/meow* Das letzte Zeichen im Symbol für Katze ist das Determinativ (Fell mit Schwanz), das oft in Tiernamen verwendet wird. Die Aussprache entsprach dem Schrei der Katze. Die Katze war seit dem Mittleren Reich (1980–1630 v. Chr.) Haustier, das Nagetiere und Schlangen vertreiben sollte.

AFFE *ky/kee* Eine Variante des Wortes enthält das Bild eines Pavians, der den Ägyptern heilig war.

KROKODIL *msḥ/mesh* Das Wort besteht aus einer Eule (*m*), einem Türriegel (*s*) und einem gedrehten Docht (*ḥ*). Determinativ ist das Krokodilzeichen.

SCHLANGE *ḥf3w/hefaroo* Die Schlange war ein gefährliches Reptil, dessen Biss die Ägypter fürchteten. In den Hieroglyphen sind verschiedene Schlangen enthalten. Hier ist die Kobra Determinativ für das allgemeine Wort für Schlange.

BESUCHER AUS DER LUFT

Die alten Ägypter bauten ihre Städte in der Nähe von Wasserquellen, die sie mit Tieren, Reptilien und Vögeln teilten. Dadurch war ihnen das Verhalten der Vögel in der Wildnis vertraut. Der Flug großer Vogelschwärme erschien ihnen als Inbegriff für Chaos. Nestlinge waren für sie dagegen Symbol der kontrollierten Natur.

In den Hieroglyphen sind viele Vögel enthalten und oftmals wurden ähnliche Zeichen als Determinativ für positive und negative Wörter verwendet. Ein Sperling, dessen Schwanzfeder nach unten zeigte, war Determinativ in Wörtern wie *bin/been* „schlecht", einen Sperling mit einem etwas eckigeren, aufwärts gerichteten Schwanz fand man in positiven Wörtern wie *wr/wier* „großartig". Das Symbol des Gänsegeiers finden wir sowohl in *nrw/neroo* „Schrecken" als auch in *mwt/moot* „Mutter". Die Ägypter fürchteten den Gänsegeier, weil er sich von Leichenfleisch ernährte, aber sie assoziierten ihn auch mit Mutterinstinkten, da sie gesehen hatten, wie gut das Weibchen ihre Jungen versorgte. Der Geier wird mit mehreren Göttinnen assoziiert, darunter Mut (die Begleiterin von Amun) und Nechbet, die Nationalgöttin von Oberägypten (siehe auch Seite 6 und 29).

Viele Himmelsgötter bevölkerten das ägyptische Pantheon. In den Pyramidentexten (siehe Seite 70–71) finden wir Hinweise auf eine Frühzeit, zu der „der Himmel von der Erde getrennt war und

AUSGEWÄHLTE VOGELZEICHEN

VOGEL *3pd/aped* Die alten Ägypter stellten viele verschiedene Vögel in ihren Hieroglyphen dar. Die Symbole für Geier und Gans sind hier zu sehen. Geier (*3*), Stuhl (*p*) und Hand (*d*) sind die Lautzeichen, Determinativ ist das Zeichen für Gans. Die Wörter für „Vogel" und „Gans" wurden beide *3pd* geschrieben und waren Synonyme.

FALLEN STELLEN *sḫt/sek-et* Ein gefaltetes Leinentuch (*s*), eine Plazenta (*ḫ*) und ein Brotlaib (*t*) ergeben *sḫt*. Determinativ ist eine Vogelfalle.

FLIEGEN *p3/pa* Das Verb „fliegen" besteht aus Stuhl (*p*), fliegender Ente (*p3*), die den *pa*-Laut verstärkt, und Geier (*3*); Determinativ ist ein Flügel.

1 Eine Eule mit einem Zepter ergibt das Wort „Macht".

2 Wachtelküken unter einem Segel; dieses Wort bedeutet „Atem".

Die Göttin Isis breitet ihre schützenden Schwingen in einem Wandbild aus dem Schrein von Tutenchamun aus (1332–1322 v. Chr.). Die Inschrift enthält die Zeichen für Eule und Wachtel.

1 DIE EULE (M) WAR DAS M IN MꜤR/ MAR „GLÜCKLICH", SMR/ SEMER „HÖFLING", HMHMT/ HEM-HET „KRIEGSRUF" UND KMT/ KEMET „ÄGYPTEN".

2 DAS WACHTELKÜKEN ENTSPRACH DEM LAUT W. ES WAR DAS W IN DEN WORTEN FÜR JTRW/EAT-ROO „FLUSS", SWT/ SOOT „BRISE" UND BW/SHEBOO „NAHRUNG".

die Götter in den Himmel aufstiegen". Wurde der Falke mit einer Sonnenscheibe auf dem Kopf dargestellt, war er der Sonnengott Re-Harachte. In den meisten Hieroglyphentexten bezieht sich das Zeichen des Falken auf Horus, den Gott, der in jedem Pharao wiedergeboren wird (siehe Seite 82).

Häufig wurden Vögel mit schützenden Kräften assoziiert. Der König wurde oft von Vogelschwingen geschützt dargestellt, geflügelte Göttinnen wurden manchmal an die Ecken eines königlichen Sargs gemalt.

Obwohl manche Vögel Gottheiten verkörperten, aßen die Ägypter der Ober- und Unterschicht gerne Vogelfleisch. In Grabmalereien finden wir Tische, auf denen sich Gänse, Enten und Perlhühner türmen.

SCHILFROHR UND BLUMEN

Stilisierte Darstellungen von Papyrus und Lotos, den Wappenpflanzen Ober- und Unterägyptens, schmücken die Granitsäulen im Amun-Re-Tempel von Karnak in Luxor. Ägyptologen bezeichnen das Gebiet um den Tempel als „botanische Gärten", da hier Wandreliefs mit Pflanzen gefunden wurden. Die Ägypter brachten die Pflanzen von den Feldzügen von Tuthmosis III. (um 1479–1425 v. Chr.) nach Ägypten mit.

Die Papyruspflanze war im Norden so sehr verbreitet, dass sie schließlich mit dieser Region assoziiert wurde. Die Zeichen für „Norden" (Unterägypten oder das Delta) *t3-mhw/taa mahoo* zeigen eine Papyrusstaude. Das Wort für „Süden" *rswt/resoot* enthielt das Zeichen für das Riedgras, das hier wuchs. Das Riedgras wird auch in *rsyw/resoo* („Bewohner des Südens") und *sm'w/shemoo* („Oberägypten") verwendet.

Die Ägypter schätzten exotische Pflanzen und Blumen. Auf ihren Militärexpeditionen in die Fremde katalogisierten sie eine Vielzahl von Bäumen und Pflanzen – und einige brachten sie sogar nach Ägypten. Blumen waren wertvoller Körperschmuck. Bei offiziellen Banketten (siehe Seite 56) erhielten die Gäste Blumenketten. Teller und dekorative Gestelle wurden mit Blumen geschmückt. Viele Ägypter der Oberschicht besaßen Gärten. Der Garten, der oft an den Wänden der Privatgräber abgebildet war, wurde zu einem Symbol von Pracht und Luxus. Manche große Gärten grenzten an Wein- und Obstplantagen. In vielen Gärten fand man Teiche und Höfe, in denen Bäume oder Palmen Schatten spendeten.

Pflanzen und Blumen waren nicht nur Luxus, sondern auch Gebrauchsgüter. Die Kosmetikindustrie brauchte die Öle für Parfums. Kamille und Zedernöl dienten als Insektenschutzmittel. Auch für die

PFLANZEN UND GÄRTEN

LOTOSTEICH *š3/shar* Das Zeichen zeigt einen Teich mit Lotosblüten und -knospen.

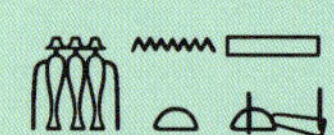

GARTEN *ḫnt-š/hent-esh* Das Zeichen der drei Wasserkrüge im Gestell wird *ḫnt* ausgesprochen. In dem Wort für Garten wird das *n* durch die Wasserlinie und das *t* durch den Brotlaib verstärkt. Das Teichzeichen wird *š/esh* ausgesprochen.

WEIZEN *bdt/bedet* Fuß (*b*), Hand (*d*) und Brotlaib (*t*) werden *bdt* ausgesprochen. Determinativ ist das Bild einer Weizenähre.

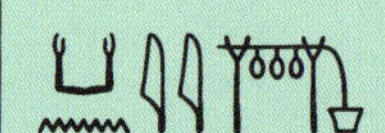

GÄRTNER *k3ny/karny* Das Wort für „Gärtner" enthält eine Weinrebe auf zwei Stützen. Dasselbe Weinsymbol finden wir als Determinativ in *irp/urp*, dem Wort für „Wein.

Einbalsamierung verwendete man Pflanzenextrakte. Priester benutzten Blumen, Weihrauch und Pflanzenextrakte in Tempelritualen (siehe Seite 112–114). Deshalb wurden Pflanzenzeichen auch in Wörtern über Anbetung und das Tempelleben verwendet. Das Zeichen für Schilfblatt finden wir in leicht abgewandelter Form in „viel opfern" *ꜥ3bt/ah-bet*; Wissenschaftler meinen, dass die Zickzacklinien in diesem Zeichen für die geopferten konischen Kuchen stehen. Blumen wurden als Symbol für die Wiedergeburt in das Grab gelegt. Im Grab von Tutenchamun (ca. 1332–1322 v. Chr.) im Tal der Könige fand man Kränze aus Olivenblättern, Papyrus und kleinen blauen Kornblumen. Der Lotos war Symbol für neues Leben (siehe Kasten).

Pflanzenzeichen dienten als Determinativ in Wörtern über Wachstum und Jugend. Die Palmrippe finden wir in dem Wort *rnpi/renpee* („jugendlich" oder „kraftvoll"); das Symbol für Blume wurde in dem Wort *ḥwn/hewn* („jung sein") verwendet. Die Palmrippe finden wir auch in Wörtern, die das Konzept der Zeit und der Zeitmessung ausdrückten, wie etwa im Wort „Jahr" *rnpt/renpet* und in leicht abgewandelter Form in dem Begriff „Jahreszeit" *tr/tre*.

Natürlich wurden Pflanzenzeichen auch in Wörtern über die Natur verwendet. Das Zeichen für Schilfblatt finden wir in oder („Sumpf") *sḫt/seket*, in *sḫt/seket* („Feld") und in „Bauer" *sḫty/sek-ety*.

BLUME MIT VIELEN BEDEUTUNGEN

Der Lotos hatte in der Religion wichtigen Symbolcharakter. Der blaue Lotos, der sich mit den ersten Sonnenstrahlen öffnet, und der weiße Lotos, dessen Blüten nur in der Nacht offen sind, wurden mit Sonne und Mond assoziiert.

Ein Schöpfungsmythos erzählt, dass der Sonnengott Re zu Beginn der Zeiten aus einer Lotosblüte geboren wurde, die auf dem Wasser der Ewigkeit trieb. Der Lotos wurde zu einem Symbol der Wiedergeburt. Im Grab von Tutenchamun (um 1332–1322 v. Chr.) fand man ein Objekt mit einem Königskopf, der aus einem Lotos sprießt. Ein Spruch im Totenbuch sollte die Verstorbenen in eine Lotosblüte verwandeln: „Ich bin jene reine Lotosblüte, die hervorging aus dem Lichtglanz, die an der Nase des Re ist."

Aufgrund seiner Assoziation mit neuem Leben galt der Lotos als Symbol für Fruchtbarkeit und Sex. In den Grabmalereien finden wir oft Frauen, die bei Banketten den Duft der Lotosblüte einatmen.

GÖTTLICHE ELEMENTE DES LEBENS

Der altägyptische Schöpfungsmythos erzählt, wie in den ersten Tagen der Welt das Leben aus Nun, dem Urwasser des Chaos, entstand. Die Erde entsprang aus dem Wasser in Form der ersten Schöpfungsinsel (siehe Seite 145). Inspirationsquelle für diese Sage waren die fruchtbaren Erdhügel, die der Nil jedes Jahr nach der Überschwemmung zurückließ: Die Hügel schienen aus dem sinkenden Wasser aufzusteigen. In einem Schöpfungsmythos aus Heliopolis in Unterägypten entstieg der Gott Atum *'tm/atum* dem Wasser des Chaos und der Sonnengott Re entsprang beim ersten Sonnenaufgang einer Lotosblüte. Ohne Sonnenlicht gäbe es kein Leben am Ufer des Nil, auch wenn es noch so fruchtbar wäre, und Atum galt als Quelle des Lebens – sein Name bedeutet „Ganzes". Als Mann mit den Kronen von Ober- und Unterägypten (siehe Seite 86) war Atum Sinnbild für die untergehende Sonne.

Atum schuf Schu (den Gott der Luft) und Tefnut (die Göttin der Feuchtigkeit), deren Kinder *gb/Geb* der Erdgott und *nwt/Nut* die Sonnengöttin waren. Diese wiederum gebaren *Wsir/Osiris*, *s(w)th/Seth* (die Götter der Ordnung und Unordnung) und ihre Gefährtinnen *3st/Isis* und Nephthys. Diese neun Götter und Göttinnen wurden in Heli-

Auf einer Seite im Totenbuch des Schreibers Ani sehen wir (links oben) einen der Feuerseen der Unterwelt, der die Seelen der Verdammten aufnahm.

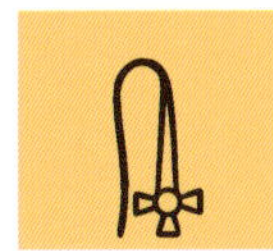

Der See ist von vier Feuerpfannen-Zeichen umgeben, die auf das Feuer im See hinweisen. Die Feuerpfanne war Determinativ für Wörter über Feuer.

Grab

opolis verehrt. Die griechischen Autoren bezeichneten sie später als *Ennead* (Gruppe der Neun).

Die Fruchtbarkeit der Erde war untrennbar mit Osiris, dem Naturgott, verbunden, mit dessen Wiedergeburt alles Leben gedieh. Häufig wurden die Samen in Saatbeeten gezogen, die der Körperform dieses Gottes nachempfunden waren. Als Grabbeigaben symbolisierten diese Osirisbeete die Wiedergeburt. Die Nilüberschwemmung war im androgynen Gott Hapi personifiziert, der als Mann mit Hängebusen dargestellt wurde. Der Beginn der Flut wurde oft als „Ankunft von Hapi" bezeichnet. Er lebte laut Sage in einer Höhle an der Südgrenze Ägyptens. Die Hieroglyphe für „Erde" *t3/tar* zeigt ein bepflanztes Feld. Das Wort für „Wasser" *mw/moo* besteht aus drei Wasserlinien, die das Wasser symbolisieren. Das Wort für die Zeit der Überschwemmung *3ẖt/ar-ket* (siehe Seite 140–141) enthält einen Teich mit Pflanzen (sowie eine Plazenta und einen Brotlaib).

Die Ägypter hatten keine wissenschaftliche Erklärung, wie die Luft auf den Körper wirkt, doch kannten sie Bedeutung und Funktion der Lunge. Von allen religiösen Totenriten war das Öffnen des Mundes der Toten am wichtigsten. Der Mund der Mumie wurde mit einem speziellen Gerät namens *Adze* geöffnet und dem Verstorbenen wurde so neues

Leben eingehaucht. Die Seele des Verstorbenen entwich dem Körper als Ba. Sie wurde oft als Vogel mit Menschenkopf dargestellt. Ein Spruch aus dem Totenbuch heißt „Spruch, Luft zu geben im Totenreich". Er ist an den Gott der Luft gerichtet: „Ich bin Shu, der Luft herbeischafft vor dem ‚Leuchtenden' bis zur Grenze des Himmels, zur Grenze der Erde, bis zur Grenze des Vogelflugs. Atem ist diesen Verjüngten gegeben." Das Verb „atmen" *ssn/sesen* oder *tpi/tepi* enthielt als Determinativ das Symbol des menschlichen Auges und der Nase. Das Wort für „Atem" *ṯ3w/che-ah-o* verband die Zeichen für Segel und Wachtelküken. Das Segel war ein Bedeutungszeichen für Wörter über Luft, Wind oder Segel, also etwa für „Brise" (siehe Kasten unten). Ebenso war es Ideogramm in den Wörtern für „Nordwind", „Segel" und „Schiffer" *nfw/nefoo*.

In Ägypten galt das Feuer als böse Macht. Die Menschen glaubten, dass die Toten in der Unterwelt die Feuerseen fürchten mussten. Das Totenbuch hielt Sprüche bereit, die verhindern sollten, dass die Verstorbenen in der Unterwelt verbrannten. Einer lautet: „O Stier des Westens, hole mich zu dir! Ich bin jenes Ruder des Re, mit dem er die Alten rudert; ich kann nicht ausgedörrt, ich kann nicht versengt werden. Ich bin Baba, der erst(geborene) Sohn des Osiris, mit dem sich jeder Gott vereint hat im Inneren seines Auges in Heliopolis."

Amenophis IV. (ca. 1353–1336 v. Chr.), auch Echnaton genannt, betet in diesem Relief das Licht an, das Aton (die Sonnenscheibe) abgibt. Links ist „Grab" geschrieben.

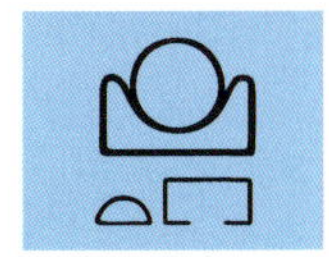

(SONNE AM HORIZONT) *3ḫt* UND (BROTLAIB) *t* WERDEN *3ḫt/ah-ket* AUSGESPROCHEN; (HAUS) IST DETERMINATIV. ES KANN „HORIZONT" ODER „GRAB" BEDEUTEN.

DIE SPRACHE DER ELEMENTE

FLAMME *sḏt/sedjet* Ein gefaltetes Leinentuch (*s*), verbunden mit einer Kobra (*ḏ*) und einem Brotlaib (*t*) heißt *sḏt*. Die Feuerpfanne ist das Determinativ.

FLUSS *itrw/eetroo* Schilfblatt (*i*), Brotlaib (*t*), Mund (*r*) und Wachtelküken (*w*) ergeben das Wort „Fluss", dessen Determinativ drei Wasserlinien ausmachen.

BRISE *swt/soot* Gefaltetes Tuch (*s*), Wachtelküken (*w*) und Brotlaib (*t*) heißen *swt*. Das Segelsymbol (siehe auch Haupttext) wird als Determinativ verwendet.

GEWITTERSTURM *snm(w)/senmoo* Türriegel, Wasserlinie, ein Zeichen, das ein Fleischermesser darstellen kann, und eine Eule ergeben das Wort. Das Tier mit dem gespaltenen Schwanz kann Seth, den Gott der Unordnung, darstellen. Determinativ ist das Himmelszeichen mit dem Regen.

MEER *w3ḏ-wr/wadge wier* Das linke Zeichen (ein Papyrus mit Kobra) ist ein Dreikonsonanten-Zeichen (siehe Seite 22–23) und lautet *w3ḏ*. Daneben stehen Sperling und Mund. Determinativ ist der Wasserkanal.

LEBEN AUF DER ERDE

Einige Ägypter brachten über ihren Hauseingang Hieroglyphen an, die das Glück in das Haus lenken sollten. In den Tempeln wurden die Hieroglyphen mit Ritualen aktiviert, damit die Götter das Land segneten; in den Gräbern schützten die Inschriften die Toten in der Unterwelt. Die Ägypter kannten für alle Bereiche des Lebens und Todes Hieroglyphen.

Die Pyramiden von Mykerinos, Chepren und Cheops in Giseh, dem heutigen Kairo, wurden höchstwahrscheinlich als Grabkammern zur Zeit des Alten Reichs (2625 bis 2130 v. Chr.) errichtet. Sie bestehen aus Kalkstein. Der Granit für die inneren Kammern wurde 960 km aus Assuan angeliefert. Ursprünglich waren alle drei mit feinem, weißem Turakalk überzogen. Ein wenig davon ist noch an der Spitze der Cheprenpyramide zu sehen.

HÄUSER FÜR MENSCHEN UND GÖTTER

Die altägyptischen Häuser waren im Sommer kühl und im Winter warm. Sie bestanden aus Schlammziegeln, die in rechteckigen Holzformen gegossen und in der Sonne getrocknet wurden. Viele ägyptische Häuser werden noch heute so gebaut. Auf den Ziegeln für die königlichen Gebäude war oft der Name des Königs eingestanzt.

AUSSCHNITT, MITTE Das Haus des Schreibers Nacht (siehe Seite 46–47) hat zwei Dachöffnungen.

Das Zeichen für „Haus" *pr/pair* war Determinativ in Wörtern, die mit geschlossenen Bereichen assoziiert wurden, etwa in „innen" *hnw/hen-oo*. Dasselbe Zeichen finden wir auch in den Wörtern „Schatz" *pr-ḥd/pair hedge* und „Landgut" *pr ḏt/pair jet*.

Traditionell lagen die ägyptischen Häuser an einem Weg, der zu anderen Gebäuden führte. Die Menschen traten von der Straße in einen Gang, von dem die Zimmer weggingen. Durchschnittlich hatte ein Haus vier bis sechs Räume und oft einen Keller. Einige Häuser hatten ein Flachdach, auf dem die Menschen im Sommer schliefen.

Die Adelshäuser waren komplizierter aufgebaut. Diese Villen konnten bis zu 20 Räume haben, darunter Schlafzimmer, Wohnräume, Büros und Empfangsbereich. Viele Häuser der Reichen lagen in einem abgeschlossenen Hof, der auch Diensttrakt, Ställe und Getreidekammer umfasste.

Das *pr*-Zeichen wurde auch für Menschen verwendet, die im Haus arbeiteten. Das Wort *hry pr/herry pair* wird oft mit „Diener" oder „Hausdiener" übersetzt

– also jemand, der im Haus ist (siehe Kasten, Seite 118). Das Wort für „Frau" wurde *nbt-pr/nebet-pair* geschrieben und als „Frau des Hauses" übersetzt.

In den Hieroglyphen für andere Gebäude als Häuser finden wir oft das *pr*-Zeichen neben anderen Zeichen, die das Gebäude näher definierten. So verbindet zum Beispiel eine Version des Wortes „Tempel" *hwt-nṯr/hewit-netcher* das Zeichen mit dem Wimpel und der heiligen Umzäunung des Tempels. Die Tempel, die zu Ehren der Götter errichtet wurden, spiegelten den Aufbau der Welt von Anbeginn der Zeiten an wider – von dem Moment, als die Urhügel aus dem Wasser des Chaos aufstiegen (siehe Seite 41). Im Lauf der Jahre übernahmen die Tempelbauer die Hügelform. Das innere Sanktuar, wo die Götterstatuen aufbewahrt wurden und die göttlichen Kräfte wirkten, stand höher als die äußeren Tempelbereiche. Der Königstempel, der auf Befehl des Königs nach seinem Tod als Kultstätte errichtet wurde, hatte eine andere Form. Diese Tempel waren meist große Komplexe mit Palast, Lagerhäusern und einem Getreidespeicher. Das Wort für „Grabkammer" *is/ees* enthält die Symbole für

GEBÄUDE UND BAUMEISTER

BAUEN *ḳd/ked* Ein Werkzeug, eine Hand, ein Topf und eine männliche Figur, die ein Haus baut, ergeben das Verb „bauen".

TEMPEL *ḥwt-ˁ3t/hewit-ahrt* Das Wort für „Tempel" wird oft mit Tempelzeichen (links), Brotlaib und Hausgrundriss geschrieben.

MONUMENT *mnw/menoo* Wissenschaftler haben herausgefunden, dass das Symbol eines Bretts für ein Damespiel den Lautwert *mn* hat; die drei Töpfe oder Krüge darunter werden *nw* ausgesprochen. Das Wort für „Monument" heißt auf Altägyptisch also *mnw*.

BÜRO oder HALLE *ḫ3/har* Der Lotos heißt *ḫ3*, der Geier verstärkt den *3*-Laut. Das Symbol einer Säulenhalle dient als Determinativ. In einigen Wörtern repräsentierte das Hallensymbol den Laut *ḫ3*.

Ein Bild aus dem Totenbuch, das um 1300 v. Chr. dem königlichen Schreiber und Soldaten Nacht gehörte, zeigt Nacht und seine Frau Tjuiu, die im Garten ihres Hauses Osiris (sitzend) und Maat (stehend) verehren. Zwischen den Andächtigen und den Gottheiten liegt ein Teich, der von Bäumen umgeben ist. Über Nachts Händen steht (in Hieratisch) sein Name, über seiner linken Hand „königlicher Schreiber".

blühendes Schilfblatt, Schilfstaude und Türriegel sowie das *pr*-Zeichen als Determinativ.

Das *pr*-Zeichen finden wir auch in dem Wort „Festung", *mnw/menoo*. An der Süd- und der Nordgrenze Ägyptens standen Forts, oft einfache Gebäude, die als Ausguck, Versorgungsstation und Kontrollstelle dienten, von denen aus der Flussverkehr und die Einwanderung überwacht wurde. Im Mittleren und Neuen Reich (1980–1075 v. Chr.) entstanden einige Forts mit Tempeln, Baracken und Offiziersquartieren. Fort Buhen, etwa 250 km flussaufwärts von Assuan in Unternubien gelegen, wurde während der 12. Dynastie (1938–1759 v. Chr.) mit einer Zugbrücke und vier Meter dicken Wänden ausgestattet.

DIE FELDERNTE

Dieses Bild der Traubenernte stammt aus dem Grab von Nacht, einem Schreiber und Astronomen unter Tuthmosis IV. (ca. 1400–1390 v. Chr.). Der erste Mann pflückt die Trauben, sein Gefährte trägt einen vollen Korb und eine Traube.

Seite 48–49 In Beni Hasan in Oberägypten bildet das saftige Überschwemmungsland des Nil einen starken Kontrast zu der kargen Wüste.

Der griechische Historiker Herodot beschrieb im 5. Jahrhundert v. Chr. Ägypten als reiches, fruchtbares Land, das von trägen Bauern schlampig bestellt wurde. In Wahrheit war es ganz anders – zu Herodots Zeit und früher. Die altägpytischen Bauern mussten Landsteuer bezahlen und wurden von den Steuereintreibern ausgebeutet und geschlagen, wenn die Ernte durch Schlechtwetter oder eine Insektenplage ausfiel. Die Steuereintreiber konnten die Familien der Bauern einsperren oder als Sklaven verkaufen. Die *Satire der Berufe*, ein altägyptischer Lehrtext, berichtet, dass die Bauern so schwer arbeiteten, dass ihre Finger geschwollen waren und stanken. Ihr Leben war so hart und entbehrungsreich, dass sie „mehr als ein Perlhuhn" klagten und „lauter als ein Rabe" schrien.

Die Bauern arbeiteten mit einem leichtem Holzpflug, den Rinder zogen. Meist führten zwei Männer einen Pflug. Während einer lenkte, führte der andere die Tiere. Bilder von landwirtschaftlichen Werkzeugen und Produkten fanden in Wörter über Landwirtschaft Eingang. Sichel und Hacke sind in Begriffen

LANDLEBEN

FELD *3ht/ahht* Das Zeichen des Geiers (*3*) finden wir in vielen Wörtern, die das offene Land und die Tätigkeiten auf dem Feld beschreiben oder damit verbunden waren. Hier ergibt es mit den Zeichen gedrehter Docht (*h*) und Brotlaib (*t*) das Wort „Feld" *3ht*. Determinativ ist ein Bewässerungskanal.

PFLÜGEN *sk3/skar* Neben dem Geier finden wird die Zeichen für gefaltetes Tuch, erhobene Arme, Pflug und einen Mann mit einem Stock.

LAND *sht/seket* Die Schilfrohrstaude, der Brotlaib und der Bewässerungskanal ergeben zusammen das Wort „Land". Manchmal wird das Wort als Variante von „Feld" gesehen, wie wir es links beschrieben haben.

GETREIDESPEICHER *šnwt/shenoot* Schnur (*šn*), Wasserlinie (*n*), Topf (*nw*), Wachtelküken (*w*) und Brotlaib (*t*) ergeben *šnwt*, „Getreidespeicher". Determinativ ist aufgehäuftes Getreide auf einem erhöhten Boden oder einer Plattform.

für „mähen“ *3sẖ/ash* und „anbauen“ *ḥbs/heb-esk* enthalten. Eine andere Schreibweise für „mähen“ *3sẖ/ash* umfasste ein einfaches Messer als Determinativ neben den Zeichen Geier, Türriegel und Plazenta. Das Bild des Pflugs finden wir in dem Wort für dieses Gerät (siehe Kasten links).

Der Bauer säte hinter dem Pflug die Samen, die er in einem Korb am Hals trug. Die Fruchtbarkeit des Bodens hing vom Nil und der Bebauung ab. Durch die jährliche Überschwemmung in den Sommermonaten brachte der Nil nährstoffreichen Schlamm aus dem zentralafrikanischen Hochland in das Niltal. Das Flusswasser und der Schlamm sickerten durch Bewässerungskanäle in den Boden ein. Das Symbol für Bewässerungskanal war Determinativ in dem Wort für „Feld“ (siehe Kasten gegenüber). Das Wort für „Überschwemmung“ *3ẖt/akhet* verband Geier, Teich mit Lotosblüten, Plazenta und Brotlaib. Der Was-

Details (linke, mittlere und rechte Spalte) aus der Grabkammer des Sennedjem (um 1290 v. Chr.) in Westtheben enthalten die nachstehenden Wörter.

1 HERZ UND LUFTRÖHRE (RECHTS), MUND (LINKS) UND GEHÖRNTE VIPER (OBEN) BEDEUTEN NFR/ NEFER „SCHÖN".

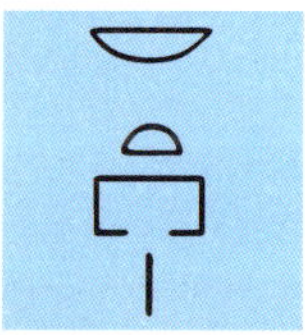

2 GEBÄUDE MIT BROTLAIB UND KORB (OBEN) HEISSEN NBT PR/NEBET PEAR ODER „FRAU DES HAUSES".

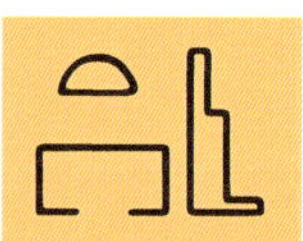

3 THRON (RECHTS), HAUS (LINKS UNTEN) UND LAIB (OBEN) BEDEUTEN ST/SET, „SITZ" ODER „PLATZ".

serstand des Flusses wurde mit einem Gerät namens Nilometer gemessen. So konnte man sehen, ob die Ernte gut oder schlecht sein würde. Die Nilometer, von denen einer an der Stelle des heutigen Assuan steht, bestanden aus Stufen, an denen man den Wasserstand ablas. Bei niedrigem Wasserstand wurde das Land unzureichend mit Nährstoffen versorgt und es drohte eine Hungersnot.

Das reife Getreide wurde vor der nächsten Überschwemmung geerntet, in den nächstgelegenen Ort gebracht und in großen Körben gelagert. Den Weizen drosch man mit Gabeln, Tiere trampelten auf den Körnern. Sobald die Spreu ausgesondert war, lagerte man den Weizen in einer Getreidekammer im Tempelbezirk. Hier wurde die Ernte auch gewogen und das Ergebnis daraufhin von den Schreibern aufgezeichnet.

Das Wort für „messen" *ḥkȝt/ hekat* enthält ein Bildzeichen mit dem Symbol eines Getreidefasses. Es kommt auch in dem Wort für „Gerste" *it/eet* vor. Das Bild einer Weizenähre finden wir in dem Wort für „Weizen" *bdt/ bedet*. Die Menschen buken in großen, offenen Öfen Brot aus Getreidekörnern. Außerdem erzeugten sie Bier aus fermentierter Gerste, die sie mit Honig süßten.

1 schön — **2 Frau des Hauses** — **3 Sitz oder Platz**

ESSEN UND TRINKEN

Die wohlhabende Elite im alten Ägypten aß gerne gut und abwechslungsreich. Man bevorzugte Fleischsorten wie Rind, Schaf, Schwein und Ziege, dazu Wildvögel, Fisch und viel Obst und Gemüse. Die Armen mussten sich dagegen mit Brot und Gemüse wie Zwiebeln, Lauch, Salat und Gurken, Fisch und den Tieren oder Vögeln, die sie jagten, zufrieden geben.

Die Hieroglyphen, die Essen und Trinken beschreiben, enthielten als Determinativ oft einen Mann, der die Hand zum Mund führt. Das Wort „essen" *wnm/whenem* umfasst eine sitzende Figur mit der Hand am Mund und eine Blume (*wn*), eine Wasserlinie (*n*) und eine Eule (*m*). Auch in dem Wort für „Hunger" *ḥkr/hek-her* finden wir den sitzenden Mann neben dem gedrehten Docht (*ḥ*), einem Hügel (*k*) und dem Mund (*r*). Bei den Wörtern für Fleisch war oft das Fleischzeichen Determinativ (siehe Kasten, Seite 54). Das Verb „kosten" *dp/dep* wurde von der Rinderzunge und dem sitzenden Mann bestimmt.

Das verbreitetste Getränk im alten Ägypten war Bier, doch war zur Zeit des Neuen Reichs (1539–1075 v. Chr.) auch der Handel und Export von Wein üblich. Die Oberschicht trank bei den Banketten große Mengen Wein und Bier. Die Armen tranken keinen Wein, wohl aber Bier, das sie oft mit Honig süßten. Ein Honigtopf war Determinativ in dem Wort „Honig" *bjt/beet*, das auch die Zeichen für Biene und Brotlaib enthält. Die alten Ägypter waren erfahrene Imker. Sie hielten Bienen in Tonstöcken im Garten. Kuchen und Bier wurden mit Honig und Johannisbrotsamen gesüßt.

In den Hieroglyphen für Bier und Wein finden wir Töpfe, in denen diese Getränke gelagert wurden. „Bier"

Die wohlhabenden alten Ägypter aßen Ente. Hier genießt eine Tochter von Nefertiti auf einem Flachrelief in el-Amarna das Gericht. Die Reichen verzehrten auch Tauben, Gänse, Kraniche und Wachteln.

ḥnkt/hen-ket hatte als Determinativ das Bild eines Bierkruges. Ein ähnlicher Krug bestimmte auch andere Flüssigkeiten. Das Wort für „Milch" *irtt/ireet* verband ein Schilfblatt, ein Auge mit Pupille, zwei Brotlaibe und einen Milchkrug mit Pluralstrichen. Einige Wörter für Speisen und Getränke wurden mit landwirtschaftlichen Symbolen wie dem Flachland oder mit Brotlaiben bestimmt.

Die Toten mussten ebenso essen wie die Lebenden. Für Tempel und Gräber benötigte man laufend Speisen als Opfergaben für die Götter und Toten. In den Gräbern der Oberklasse aus der Zeit des Neuen Reichs fand man Speisenreste in Tongefäßen. Die Menschen vereinbarten mit den Priestern, diese Gaben im Grab zu lassen, und beauftragten Künstler, Speisen an die Grabwände zu malen, damit die Seelen nicht Hunger litten. In vielen altägyptischen Grabszenen sitzen die Toten vor voll beladenen Tellern.

Auf den Grabmalereien sieht man auch Menschen, die ihre Tiere und Vögel für die Schlachtung mästen. Einige Abbildungen zeigen Schlachttechniken, gefesseltes und erdrosseltes Vieh. Mindestens vier Männer waren nötig, um das Vieh zu schlachten. Sie banden ein Seil um das linke Vorderbein des Tiers und hängten das andere Ende um seine Schultern. Das Tier wurde dann zu Boden gezerrt. Anschließend banden sie die Hinterbeine und das gefesselte Vorderbein zusammen und der Schlachter durchschnitt dem Tier die Kehle. Das Blut wurde in einem Gefäß aufgefangen und in Ritualen verwendet.

ESSEN UND TRINKEN

SPEISE *šbw/sheboo* Ein Wasserteich (*š*), ein Bein mit Fuß (*b*), ein Wachtelküken (*w*) und das Flachland mit Strichen heißen „Speise".

TRINKEN *sw(r)i/ swer-ee* Ein gefaltetes Tuch, ein Sperling, ein Mund, ein Schilfblatt und drei Wasserlinien ergeben das Wort „trinken". Das Determinativ ist wie bei vielen Wörtern über Speisen und Getränke (siehe Seite 53) ein sitzender Mann mit der Hand am Mund.

FLEISCH *wꜥbt/webet* Wassertopf auf einem Menschenbein, Brotlaib und Fleischzeichen sind *wꜥbt*, „Fleisch".

BROT *t/t* Ein flacher Brotlaib, der für den *t*-Laut steht, und ein Spitzbrot bedeuten gemeinsam mit dem Flachland „Brot".

Ein Grabstein (ca. 945 bis 715 v. Chr.) zeigt Speiseopfer für den Sonnengott (links). Auf der beiden linken Spalten der Inschrift steht „Re-Harachte-Atum, Herr von zwei Ländern".

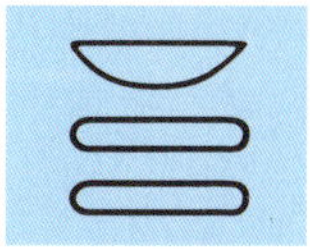

Ein Korbzeichen (oben) nb/neb für „Herr" verbunden mit zwei horizontalen Flachland-Zeichen (unten) t3wy/taw(y) für „Zwei Länder" ergibt den Titel.

Der Falke mit dem Sonnensymbol und den beiden Land-Zeichen ergibt rʿ-ḥr-3ḫty/re-horakty. Der Brotlaib über einem Schlitten wird tm/atum ausgesprochen.

SPORT UND FREIZEIT

Musikerinnen und Tänzerinnen unterhalten die Gäste eines Banketts auf dieser Wandmalerei aus dem thebanischen Grab von Nebamun, einem Schreiber aus der Zeit von Amenhotep III. (ca. 1390 bis 1353 v. Chr.). Details aus der Inschrift im unteren Teil sind auf der nächsten Seite erklärt.

Bankette trugen im alten Ägypten dazu bei, die soziale Stellung der Menschen zu verbessern. Bei diesen Gelegenheiten knüpften die Beamten und Würdenträger Verbindungen. Darstellungen ägyptischer Bankette finden wir in mehreren Gräbern des Neuen Reichs (1539–1075 v. Chr.). Die Diener servieren den edel gekleideten, mit Perücken und Schmuck ausgestatteten Gästen Speisen und Getränke. Musiker spielen auf Oboe, Flöte und Tambourin, Unterhalter erzählen Geschichten.

Viele Wörter, die mit Freizeit zu tun haben, enthalten sehr bildliche Zeichen. Die Figur eines Mannes, der die Hand zum Mund führt, finden wir sowohl in „durstig sein" *ibi/ibbi* als auch in „trinken" *swri/swerry*. Das Wort für „Trunkenheit" *th̠/t-hek* umfasst einen Bierkrug. In dem Verb *ḫb/heb* „tanzen" ist ein tanzender Mann Determinativ.

Männer und Frauen liebten Tanz und Akrobatik. Auf den Malereien in Tempeln

FREIZEITVERGNÜGEN

VERGNÜGEN *sḫmḫ-ib/shema-ibb* Das oberste Symbol in diesem Wort ist ein Herz (*ib*). Eine zweite Übersetzung lautet „Zeitvertreib des Herzens".

BOGENSEHNE *rwd/rood* Mund (*r*), Wachtelküken (*w*) und Hand (*d*) ergeben *rwd*, was auch „hart" oder „kraftvoll" bedeutet. Determinativ ist eine Bogensehne mit einer Schleife an jedem Ende. Damit wurde die Sehne auf den Bogen gespannt.

SCHIESSEN *st/set* Dieses Verb enthält einen Pfeil, der ein Tierfell oder Schild durchdringt.

JAGEN *bḥs/behes* In dem Verb finden wir ein Bein mit Fuß, einen gedrehten Docht, ein gefaltetes Tuch und noch ein Bein.

PFEIL *šsr/sheser* Der Pfeil, der diesem Wort als Determinativ dient, enthält eine Pfeilspitze und Federn am Ende.

und Gräbern finden wir Darstellungen von Gymnastik und Tanz zu Musik.

Sportprogramme gehörten zum nationalen Leben und waren bei königlichen Feiern und religiösen Festen weit verbreitet. Der König musste bei den Jubelfeiern seine Stärke demonstrieren, indem er eine festgelegte Distanz lief. In den Gräbern, Tempeln und Grabbauten aus der Zeit des Neuen Reichs ist der König oft als Bogenschütze und guter Sportler dargestellt.

Als populäre Sportarten galten Ballspiele und Schwimmen. Bei den Festen zu Ehren des Fruchtbarkeitsgottes Min gab es Seilkletterwettkämpfe. Auch Wettrennen zwischen Bootsteams und Ringkämpfe waren weit verbreitet.

Vor allem die Jagd auf Löwen und wilde Stiere war bei der Oberschicht beliebt. Die Jagdszenen auf den Gebäuden erinnern an siegreiche Feldzüge. Das Verb „jagen" (siehe Kasten oben) konnte auch mit einem Arm oder zwei gehenden Beinen als Determinativ geschrieben werden. Beide Wörter spricht man *bhs/behes*.

Zu den Kinderspielen gehörten Sprungwettkämpfe, bei denen zwei Kinder einander mit ausgestreckten Armen und Beinen Fuß an Fuß gegenübersaßen. Ihre Kameraden sprangen über die ausgestreckten Arme, die immer höher gehoben wurden. Zu den ruhigeren Erwachsenenspielen zählt Senet, ein Brettspiel ähnlich dem Damespiel.

1 Vogel (oder Gans) (gb) und Bein mit Fuss (noch ein b) ergeben den Namen des Erdgotts Geb. Der Gott als Determinativ weist auf den göttlichen Namen hin.

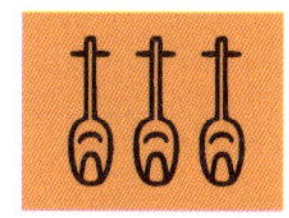

2 Drei schwarze Stöcke mit rundem Ende stehen für das menschliche Herz und die Luftröhre. Die Transliteration nfr(w)/nefer-oo bedeutet „Schönheit".

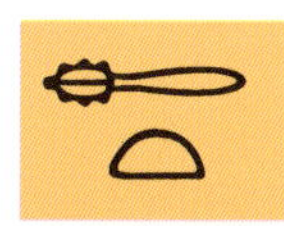

3 „Körper" wird als ẖt übertragen und mit einem Tierbauch mit Zitzen und Schwanz (ẖ) und einem Brotlaib (t) geschrieben.

DRITTES KAPITEL

DIE HEILIGE KUNST DES SCHREIBENS

Die alten Ägypter glaubten, Toth, der Gott der Weisheit und der Schutzpatron der Schreiber, habe den Menschen das Schreiben und Lesen der Hieroglyphen gelehrt. Seine heiligen Zeichen konnten den Objekten, für die sie standen, Leben einhauchen. Wenn die Ägypter ein Wort oder einen Satz an eine Wand schrieben, schufen sie somit eine beseelte Kraft, die Gutes oder Böses bewirken konnte.

Die oberste Zeile dieser Hieroglyphen auf einer Stele aus der 19. Dynastie (1292–1190 v. Chr.) lautet: „Anubis ... opfert bei dem Stein Wasser und Bier."

DIE MAGISCHE DIMENSION

Auf einem Papyrus aus dem Jahr 1150 v. Chr. steht Ramses III. (ca. 1187–1156 v. Chr.) in königliches Gewand gekleidet, vor Re-Haracht e, Atum, Iusaaset und Hathor-Nebethetepet, den Gottheiten von Heliopolis.

Die alten Ägypter unterschieden kaum zwischen Magie und Religion. Im Tempel bedienten sie sich der göttlichen Kraft der Hieroglyphen, um die Götter anzurufen, Begräbnisrituale durchzuführen, die Seelen der Toten zu retten und sicherzugehen, dass die Toten in der Unterwelt gut versorgt waren. Im täglichen Leben waren Sprüche und Magie ein wichtiges Mittel, um Krankheiten und Unheil abzuwenden.

VEREHRUNG DER GÖTTER

Der Tempel war das Zentrum der altägyptischen Siedlungen. In dem heiligen inneren Sanktuar, dem Zentrum der göttlichen Macht, huldigte der Hohepriester des Tempels den Göttern mit Ritualen, damit sie dem Land Ägypten wohlgesinnt blieben. Der König war der höchste Vertreter der Götter auf Erden und musste zwischen ihnen und den Menschen vermitteln, um seinem Reich Wohlstand und Fruchtbarkeit zu bewahren. Es war klar, dass der König seine rituellen Pflichten an den Hohepriester jedes Tempels übertragen hatte.

Jeden Morgen begrüßte der Hohepriester im inneren Sanktuar des Tempels die Gottesstatue in ihrem Baldachin, betete zu ihr, opferte ihr Parfum und Weihrauch und salbte sie mit heiligen Zeder- und Myrrheölen. Dann schminkte er die Statue, bekleidetete sie und opferte ihr Speisen, Blumen und Getränke.

Da die Priester den Göttern täglich Speiseopfer darbrachten, dienten die Symbole für Brot und Fleisch oft als Determinativ für heilige Wörter. So enthält das Wort für „Salbungsöl", *sft/sefet*, die Zeichen für ein gefaltetes Tuch, eine gehörnte Schlange und einen Ölkrug mit dem Brotlaib.

Da die Priester rein bleiben mussten (siehe Seite 112–114), sind die Symbole für Wassertopf und fließendes Wasser in Wörtern enthalten, die mit spiritueller Reinheit und Reinigungszeremonien verbunden sind. Das Wort für „Lobpreisung" *hnw/henoo* verbindet das Zeichen für eine reinigende Wasser-

1 Ein Detail aus der Inschrift rechts von Hathors Kopf zeigt einen Falken in einem Gebäude, ḥt-ḥr/Hat-Hor, das Zeichen der Göttin.

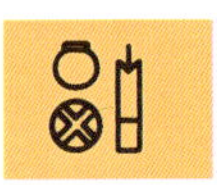

2 In einem Detail (neben Atum) lesen wir auf der Säule ꜥIwnw/ eeoonew, den alten Namen für Heliopolis. Das Stadtzeichen ist das Determinativ.

1 Zeichen für die Göttin Hathor

2 Heliopolis

OPFER, UM DAS LEBEN ZU ERHALTEN

Die „Opferformel" stand auf der Grabstele außerhalb des Grabs. Der Seele des Toten wurde jedes Mal, wenn ein Vorübergehender die Formel las, neue Kraft eingehaucht. Die Opferformel änderte sich im Lauf von 2000 Jahren seit dem frühen Alten Reich (2575 v. Chr.) kaum und begann immer mit den Worten „ein Opfer, das der König gibt". Die Phrase beruhte auf dem Glauben, dass der König der wahre Vermittler zwischen Göttern und Menschen war (siehe Seite 60). Die folgenden Wörter finden wir in der Opferformel auf einer Stele aus dem Mittleren Reich (1980–1630 v. Chr.) vor dem Grab des Schatzmeisters Tjeti. „Ein Opfer, das der König gibt (und) Osiris, Herr von Busiris, erster der Westlichen, Herr von Abydos, in all seinen Reichen. Ein Opfer von tausend Broten und Bier, tausend Salbungsgefäßen und Gewand, tausend von allem Guten und Reinen ... reines Brot des Hauses von Montu ... Trank- und Speisegaben, die die Geister lieben."

1 und 2 | 3 | 4

linie mit einer Schutzhütte aus Matten, einem Topf und einem Wachtelküken. Determinativ ist ein kniender Mann in Anbetungsgestus.

Die Figur des knienden oder sich verbeugenden Mannes mit erhobenen Armen ist häufiges Determinativ in Wörtern, die mit Anbetung zu tun haben. Dazu zählt das Wort für „Anbetung" *sns/seness* (siehe Kasten). Das Determinativ für „verbeugen" *ksw/kes-oo* ist ein gebeugter Mann. Die anderen Zeichen sind ein Opferkorb und ein gefaltetes Tuch. Auch „verehren" *dw3/doar* enthält einen Mann mit betend erhobenen Armen und einen fünfzackigen Stern.

Die Hieroglyphen wurden unter anderem verehrt, weil sie die meisten Menschen nicht verstanden. Auch den Priestern, die die Sprüche in den Texten der Tempelbibliotheken lesen konnten, wurden magische Kräfte zugeschrieben. Die meisten Ägypter hatten mit den Tempeln wenig zu tun. Sie suchten Rat und Heil bei den Orakeln, die mit bestimmten Gottheiten assoziiert wurden. Viele Menschen bauten Nischen in ihre Häuser, in denen sie die Haushaltsgötter wie den zwergenhaften Schutzgott Bes oder Hathor, die Göttin der Sexualität und Geburt, verehrten. Bei den großen jährlichen Festen wurden die Götter in einer Prozession aus dem Tempel gebracht.

LOBESWORTE UND RELIGIÖSE RITUALE

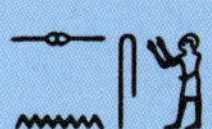
VEREHRUNG *sns/seness* Türriegel, Wasserlinie und gefaltetes Tuch ergeben das Wort „Verehrung". Determinativ ist die Hieroglyphe eines Mannes mit betend erhobenen Armen.

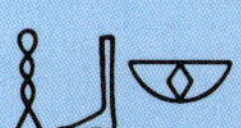
FEST *ḥb/heb* Ein Zeichen, das oft in Wörtern über Tempelrituale vorkommt, ist das Reinigungsbassin, hier mit gedrehtem Docht und einem Bein mit Fuß.

TRIBUT *inw/oo-noo* Das Wort verbindet ein Opfergefäß auf gehenden Beinen, eine Wasserlinie, einen Topf, ein Wachtelküken und ein versiegeltes Dokument mit drei Strichen.

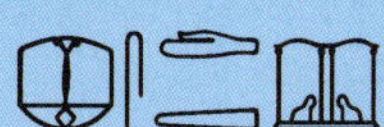
JUBEL *ḥb-sd/heb-sed* Das Jubel- oder Sed-Fest wurde für gewöhnlich im 13. Regierungsjahr eines Königs abgehalten. Es erneuerte die Macht der Herrschers. Das Wort verbindet ein Bassin mit Baldachin, ein gefaltetes Tuch, eine Hand und ein Flachland mit dem Determinativ einer Halle, in der das Sed-Fest gefeiert wurde.

In einer Abbildung im Grab von König Horemheb (ca. 1319 bis 1292 v. Chr.) stehen die Wörter „Worte, die Osiris, der große Gott spricht" in den beiden Spalten über Osiris' Kopf. Details finden Sie unten. Man sieht auch Horemhebs Kartuschen (3 und 4).

1 ḎD-MDW/DJED MEDOO „WORTE, GESPROCHEN VON"; IN/EEN WIEDERHOLT „VON"; WSJR/WESEER OSIRIS. 2 NTR/NETCHER „GOTT"; /AH „GROSS" – „WORTE VON OSIRIS, DEM GROSSEN GOTT".

DIE KUNST DER MAGIE

Die alten Ägypter schrieben den Hieroglyphen magische Eigenschaften zu. Sie verwendeten die Hieroglyphenschrift nicht nur in der Verwaltung, sondern auch in heiligen Inschriften und Sprüchen und waren überzeugt, dass die Zeichen Zauberkräfte besaßen. In den Bildern und Symbolen sahen sie Objekte, die durch Magie zum Leben erweckt werden konnten.

Die geschriebenen und gesprochenen Worte verliehen den Toten in den Gräbern Lebenskraft. Die Sprüche und Zauberformeln, die wir als Pyramidentexte, Sargtexte und Totenbuch kennen (siehe Seite 70–75), sollten magische Kräfte wecken und die Toten bei ihrer Reise durch die Unterwelt beschützen.

Die Magie der Hieroglyphen konnte man wecken, indem man sie laut las. Die Inschriften auf der Grabstele, die vor oder in den Gräbern stand, berichteten von den Taten der Verstorbenen und Ereignissen aus ihrem Leben. Sie wurden täglich von dem Totenpriester rezidiert, der den Begräbniskult des Grabbesitzers durchführte (siehe Seite 100). Das war nötig, damit die Seele des Verstorbenen weiterleben konnte – wenn der Name einer Person ausgesprochen wurde, lebte sie weiter. Da die geschriebenen Sprüche ausgesprochen werden mussten, um ihre Magie zu entfalten, zeigen viele magische Zeichen menschliche Figuren, die die Hand zum Mund halten. „Magie" wurde manchmal 𓂋𓏤 *r/r* mit dem Mundzeichen geschrieben. Eine andere Schreibweise war 𓎛𓂓𓄿𓀁 *ḥk3/hekka* mit dem sitzenden Mann mit der Hand am Mund als Determinativ.

Die ausgestreckten Arme in dieser Schreibung des Wortes „Magie" repräsentieren die Seele des Verstorbenen. Mit Magie wurden Geister beruhigt. Ab dem Mittleren Reich (1980–1630 v. Chr.) ließen die Menschen von den Schreibern Briefe an die Toten verfassen. Darin versprachen sie etwa, dem Verstorbenen zu opfern, wenn er die lebende Familie vor Geistern oder Krankheiten schützte oder in den Träumen Botschaften übermittelte. Die Briefe wurden auf Papyrus oder Opfergefäße geschrieben und im Grab deponiert.

Geschriebenen Sprüchen wurde durch Worte Magie eingehaucht. Die Priester konnten Objekte durch Magie beleben. Mit Beginn des Mittleren Reichs gab man den Toten kleine mumienähnliche Dienerfiguren oder „Uschebti" in die Gräber mit. Wenn der Tote den Uschebti brauchte, konnte er durch die Hieroglypheninschriften belebt werden und dem Toten dienen, indem er für ihn arbeitete, ihn schützte oder seine materiellen Bedürfnisse in der Unterwelt befriedigte.

Die Ägypter trugen Amulette mit Hieroglyphen wie ☥ *ꜥnḫ/annk* (ein Zeichen, das für Leben und Ganzheit stand), um Unheil und Leiden zu bannen. Sie trugen auch kleine Halsketten mit schriftlichen Bitten. In der Volksmagie erhielten die Objekte durch die Sprüche, die darauf geschrieben waren, Macht. War eine Person krank, trank sie einen Tropfen Wasser, das über ein Objekt mit einem Spruch gegossen worden war und deshalb Heilkräfte enthielt. Leidende gossen das Wasser direkt in die Wunden oder schrieben in Hieroglyphenschrift heilende Sprüche auf die Haut. Der Spruch entfaltete seine Wirkung, wenn der Kranke die Tinte von der Haut leckte.

Ptahmose, Wesier unter Amenhotep III. (ca. 1390–1353 v. Chr.) steht auf diesem Uschebti, einer Beigabe für Osiris in Abydos.

AUF DEM KÖRPER DES USCHEBTI STEHT DER NAME DES WESIRS IN HIEROGLYPHEN: P T H MS S, PTAHMOSE.

BESCHWÖRUNDSWÖRTER

ERBITTEN *nis/niece* Das Wort verbindet Wasserlinie, Schilfblatt, gefaltetes Tuch und einen Mann, der einen Arm in bittender Geste erhoben hat.

BESCHWÖREN *šn/shen* Schlinge oder Schnur, Wasserlinie und sitzender Mann mit Hand am Mund ergeben „beschwören".

EXORZIEREN *šnw/shenu* Eine Schlinge oder Schnur ist mit Wasserlinie, Schnurrolle und sitzendem Mann mit Hand am Mund verbunden. Manchmal wird das Wort mit „beschwören" übersetzt.

GRABINSCHRIFTEN

Ein Relief aus dem Grab von Merib in Giseh aus der Zeit der 4. Dynastie (2625 bis 2500 v. Chr.). Die Inschrift lautet: „Der königliche Bekannte Merib". Erklärungen finden Sie unten.

DAS RIEDGRAS BEDEUTET „KÖNIGLICH", MUND UND PLAZENTA „BEKANNTER".

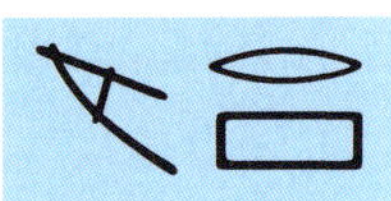

HACKE UND MUND SIND MR*i*/MER*i*; DAS QUADRAT IST DETERMINATIV.

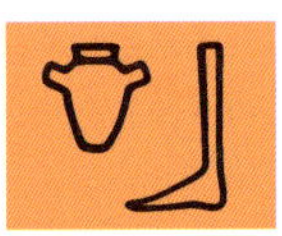

DAS HERZ BEDEUTET *i*B/EBB; DAS BEIN LIEST MAN B/B.

Die Ägypter meinten, dass die Toten unbedingt ein sicheres Grab benötigten. Das Grab diente dem Verstorbenen als Ruhestätte und war mit allem ausgestattet, was für ein Überleben im Jenseits erforderlich war. Die frühen Gräber waren Sandgruben, die häufig mit einer Steinstruktur bedeckt waren. Diese Struktur wurde später als „Mastaba" (von dem arabischen Wort für „Bank") bezeichnet. Aus diesen frühen Mastaba-Gräbern entwickelte sich die Pyramide.

Zur Zeit des Neuen Reichs (1539–1075 v. Chr.) suchte Tuthmosis I. (ca. 1493 bis 1482 v. Chr.) einen sicheren, geheimen Grabplatz. Er soll die erste der vielen Grabstätten im Tal der Könige in Westtheben errichtet haben. Hier wurden die königlichen Gräber mit einfachen Kupferwerkzeugen aus dem Stein gehauen. An den Wänden der Gräber fand man magische Karten, die den frisch Verstorbenen durch die Unterwelt leiten sollten. Daneben standen Szenen und Sprüche aus dem Totenbuch (siehe Seite 74) und Namen und Titel von Königen.

Nur die Oberschicht baute eigene Gräber. Im Alten Reich (2625–2130

HÄUSER DER TOTEN

VERWESEN *hw3/hewa* Das Wort besteht aus gedrehtem Docht, Lasso und Geier. Determinativ ist das Symbol für Pustel.

EINBALSAMIEREN *sdwḥ/ sedooah* Das Wort enthält ein gefaltetes Tuch (*s*), eine Hand (*d*), ein Wachtelküken (*w*) und eine Plazenta (*ḥ*). Determinative sind eine Pustel und ein Arm.

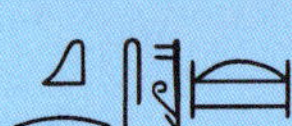

BEGRABEN *krs/keris* Als Determinativ dient bei diesem Verb ein Harpunenschild und ein Sarkophag. In diesem Steinsarg wurden die ägyptischen Mumien bestattet.

GRAB *3ḫt/ah-het* Das Wort besteht aus einer Sonne, die hinter einer Bergkette aufgeht, und einem Brotlaib. Das Haus ist Determinativ, da das Grab als „Haus" der Toten galt.

MUMIE *w-j/weee* Determinativ für das Wort „Mumie" ist ein stehender Sarg in Körperform mit falschem Bart.

v. Chr.) lagen die Gräber der Elite um die großen Pyramidenkomplexe, damit die Höflinge im Tod ihrem König nahe waren. Später begannen die Höflinge, Steingräber mit exquisiten und detaillierten Hieroglypheninschriften zu errichten. Die Gräber enthielten Nischen oder falsche Türen, in denen die Opfergaben hinterlassen wurden. Das *ka* (die Lebensenergie des Verstorbenen, die nach dem Tod weiterlebte) konnte die falschen Türen durchdringen und in die Welt zurückkehren. Zusätzliche Kammern wurden aus dem Fels gehauen und mit Inschriften versehen, in denen Wissenschaftler faszinierende Details aus dem Leben der Beamten des Mittleren Reichs (1980–1630 v. Chr.) erfuhren.

In Theben entstanden im Neuen Reich viele Privatgräber. Meist waren sie T-förmig und bestanden aus einer Durchgangshalle, die zu einem Gang führte. Die Wände waren mit Porträts des Toten, seiner Familie und Szenen aus dem Alltag geschmückt.

Die Privatgräber hatten einen Überbau, der den Lebenden zugänglich war und den Leichnam enthielt. Diese Kammer wurde nach dem Begräbnis versiegelt. Opfergaben und persönliche Güter des Toten begrub man mit der Mumie. Die Familie zahlte für Privatzeremonien im äußeren Grabbereich, wo ein Priester opferte und für den Verstorbenen Rituale durchführte.

Eine stehende Säule (siehe 9).

Ein Wimpel, der mit Tempeln assoziiert wird und häufig in heiligen Wörtern zu finden ist (siehe 9).

Das Sichelzeichen (siehe 7).

Korb und Brot ergeben „Freundin (siehe 4).

Auge und Pupille ohne Schminke sind hier Teil des Namens Osiris (siehe 1).

Arm mit Hand (siehe 9).

Eine Papyrusrolle (siehe 9).

Ein sitzender Gott mit dem königlichen oder göttlichen Bart (siehe 1).

Zwei Flachländer (siehe 5).

Ein Sperling (siehe 3).

GRABINSCHRIFTEN LESEN

Königin Nefertari, eine der Hauptfrauen von Ramses II. (ca. 1279–1213 v. Chr.), liegt im Tal der Königinnen in Theben begraben. Da die sitzenden Figuren in der Inschrift nach rechts blicken, liest man den Text von rechts nach links. Wie alle Hieroglyphentexte beginnt er oben. Auf der Inschrift steht: „Osiris die Große Königliche Gattin, Liebling der Beiden Länder Nefertari, gutgeheißen im Angesicht von Osiris, dem Großen Gott." Nefertari wird mit Osiris verbunden, da man glaubte, dass alle Toten mit diesem Gott der Unterwelt und der Auferstehung vereint würden. Sie wird „im Angesicht von Osiris gutgeheißen", da sie wie alle Seelen von Osiris beurteilt wurde, bevor sie ins Jenseits eingehen konnte. „Liebling der Beiden Länder", ein königliches Epithet, bezieht sich auf Ober- und Unterägypten. Nefertari trägt die Geierhaube der Göttin Mut.

1 „Osiris" *wsir/wisir*: Das Auge bedeutet „machen" oder „schaffen"; darunter sind der Thron und ein sitzender Gott. Dies heißt „Schöpfer des Throns" oder „Thron" (siehe Seite 89).

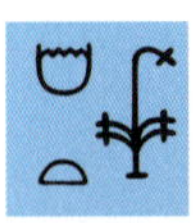

2 „Königliche Gattin" *ḥmt nsw/hemet-nesoo* Das Riedgras (rechts) wird oft mit Oberägypten assoziiert und in den Herrschertiteln des Königreichs verwendet. Die Zeichen für den Brunnen mit Wasser (oben links) und den Brotlaib sind ein weibliches Determinativ und bedeuten „Gattin" oder „Frau".

3 „Groß" *wrt/weret* enthält den Sperling mit erhobenem Schwanz, der traditionell für Bedeutung oder Wichtigkeit steht.

4 „Geliebte" *nbt/nebet* enthält einen Korb (oben), der als „Herr" übersetzt wird – oder mit weiblichem Determinativ (*t*) als „Geliebte".

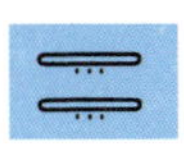

5 Die beiden Horizontalen *t3wy/taway* stehen für „die zwei Länder" Ober- und Unterägypten. „Herr (oder Liebling) der zwei Länder" war ein verbreiteter Königstitel.

6 Die Kartusche enthält den Namen der Königin und ihr Attribut „Nefertari, Liebling des Mut" (*nfr-jtry mwt n mrt/nefert ahry moot n meret*). Mut war die Gefährtin von Gott Amun und Mutter des Mondgottes Chons.

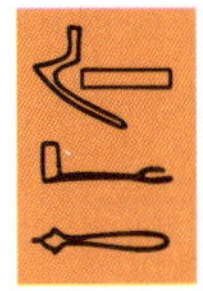

7 „Gutgeheißen" *m3ʿ-ḫrw/maa herew* war ein häufiger Ehrentitel. Die Hieroglyphe umfasst eine Sichel und ein nicht entziffertes Zeichen sowie Hand mit Arm und Holzsäule.

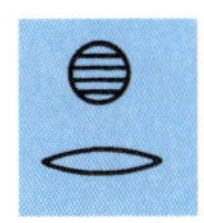

8 „Vor" *ḥr/hair* enthält einen gestrichelten Kreis, der für die Plazenta stehen soll (*ḥ*), und einen Mund (*r*). Darunter, am Ende der dritten Spalte der Inschrift, ist der Name „Osiris" wiederholt (siehe Nr. 1, links.)

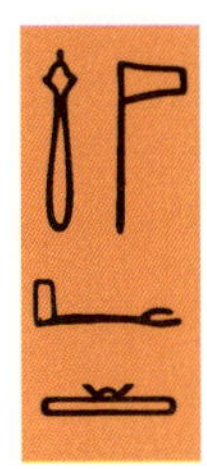

9 „Großer Gott" *nṯr ʿ/ netcher-ah* verbindet den Wimpel („Gott") mit einer Holzsäule, einem Arm und einer Papyrusrolle (bedeutet „groß").

DIE PYRAMIDENTEXTE

Die ältesten bekannten ägyptischen Schriften, die Pyramidentexte, wurden an den Wänden der Grabkammer in der Pyramide von Unas (ca. 2371–2350 v. Chr.), dem letzten König der 5. Dynastie, entdeckt. Sie enthalten Ritualsprüche, die den Körper des toten Königs im Jenseits schützen und beleben sollen. Wir können die Texte in fünf Kategorien unterteilen: Sprüche, Hymnen, Litaneien, Verherrlichungen und Gesänge. Des Weiteren ist eine Liste von Opfergaben enthalten, die dem König mit allem versorgen sollten, was er im Jenseits brauchte.

Die Texte lassen darauf schließen, dass Knochen und Körperteile verbunden werden mussten, damit der Körper des Königs weiterleben und aufstehen konnte. Das ist der erste Hinweis auf die Bedeutung der Mumifizierung. Die Texte berichten uns auch über die religiösen Vorstellungen der alten Ägypter über den Ursprung des Lebens in Heliopolis: Atum war der Schöpfergott, der acht Göttern und Göttinnen das Leben schenkte, nämlich Schu, Tefnut, Geb, Nut, Osiris, Seth, Isis und Nephthys (siehe Seite 144–145). Die Schriften enthalten auch die ersten Hinweise auf das Urei, aus dem die ersten Menschen schlüpften. Andere Versionen der Texte fanden die Forscher in den Pyramiden der Könige Teti, Pepi I., Merenre und Pepi II. aus der 6. Dynastie (2350–2170 v. Chr.).

IN GESELLSCHAFT VON RE

Die Pyramidentexte erzählen von Atum als ersten Schöpfergott (siehe Haupttext). Sie beschreiben den Tod des Königs und seine Reise nach dem Tod mit dem Sonnengott Re durch den Himmel und die Unterwelt. In diesem Ausschnitt steigt der König in Triumph in die himmlischen Reiche auf:

„Der Himmel ist bedeckt,
Die Sterne verdunkelt;
Die himmlischen Weiten erzittern,
Die Planeten stehen still,
Denn ihnen erschien der König in voller Macht
Als ein Gott, der von seinen Vätern lebt
Und sich von seinen Müttern ernährt;
Des Königs Meister der Weisheit,
Dessen Mutter seinen Namen nicht kennt.
Den Ruhm des Königs erfährt der Himmel,
Von seiner Macht erzählt der Horizont,
Wie Atum, der Vater, der ihn zeugte,
Und der Sohn ist mächtiger als er."

Die Innenwände der Pyramide von König Unas (ca. 2371–2350 v. Chr.) sind mit den ältesten bekannten Pyramidentexten bedeckt. Der König und seine Untertanen dachten, dass diese Texte den König sicher durch das Jenseits geleiten würden. Die Unas-Pyramide steht an der Südwestecke der Stufenpyramide des Djoser in Saqqara.

SARGTEXTE

In diesem bemalten Holzsarg wurde der Adelige Senbi um 1900 v. Chr. in Meir in Mittelägypten begraben. Sein Körper lag auf der Seite, damit er durch die aufgemalten Augen auf dem Sarg „hinaussehen" konnte. Seine Seele konnte durch die „Tür" darunter die Welt der Lebenden betreten.

Im Mittleren und Neuen Reich (1980 bis 1075 v. Chr.) wurden die Sprüche, die im Alten Reich (siehe Seite 70–71) in die Pyramidenwände geritzt worden waren, auf Sargwände, Grabtücher und Papyrus geschrieben. Heute sind diese Schriften aus dem Mittleren und Neuen Reich als Sargtexte und Totenbuch (siehe Seite 74–75) bekannt.

Die Sargtexte überliefern den Glauben der Ägypter, dass alle Menschen nach dem Tod weiterlebten, und nicht nur der König. Das Versprechen der Unsterblichkeit für alle Menschen ging mit dem Zusammenbruch der Zentralgewalt und dem Aufstieg mächtiger regionaler Herrscher einher.

Das Leben nach dem Tod war voller Gefahren und konnte plötzlich enden. Die Sargtexte sprechen oft von einem „zweiten Tod", der Verdammung der Seele nach dem „ersten Tod" des Körpers. Dieser zweite Tod konnte eintreten, nachdem das Herz in der Gerichtshalle gegen die Feder der Maat aufgewogen wurde (siehe Seite 88–89). Die Seele konnte von der „Fresserin" verschlungen werden.

Im Mittleren Reich begannen gewöhnliche Ägypter, die Götter direkt und selbst anzurufen, während in der vordynastischen Zeit und im Alten Reich nur der König Hilfe von den Göttern erbitten durfte. Die Menschen hatten immer mehr gleiche Rechte und Pflichten. Die

DIE MACHT, EWIG ZU LEBEN

Die Sprüche der Sargtexte ließen dem Verstorbenen einem negativen Urteil des Osiris und somit einem „zweiten Tod" (siehe Haupttext) entkommen. Sie sollten gesprochen werden, wie der folgende Text zeigt:

„Ich bin der Herr der Flamme, der von der Wahrheit lebt, der Herr der Ewigkeit, der Freude gibt … ich bin derjenige im Schrein, der Herr der Taten, der den Sturm zerstört … Herr der Winde, der den Nordwind verkündet … Herr des Lichts, der den Himmel in seiner Pracht erhellt. Ich bin der in seinem Namen! Gebt mir den Weg frei, damit ich Nun und Amun sehen kann! Denn ich besitze den Geist, der die (Wachen) überwindet. Sie sprechen nicht aus Angst vor dem, dessen Name verborgen ist und in meinem Körper lebt … jeder, der diesen Spruch kennt, wird wie Re am östlichen Himmel sein, wie Osiris im Jenseits. Er wird zu dem Feuerkreis hinabsteigen, ohne die Flamme jemals zu berühren!"

Sargtexte geben uns auch eine Vorstellung vom Paradies, das eng mit dem Leben auf der Erde verknüpft war. Das Paradies wurde als „Schilffeld" oder „Türkisfeld" bezeichnet und glich der ägyptischen Landschaft. Die Sprüche aus den Sargtexten zeigen, dass die Seelen im Jenseits weiterhin aßen und tranken, Sex hatten, die Felder bestellten und Kriege führten. Opferformeln (siehe Seite 59 und 64), Tonfiguren und Grabmalereien versorgten die Toten mit den Gütern und Dienern, die sie für ihr Leben in der Unterwelt benötigten.

DAS TOTENBUCH

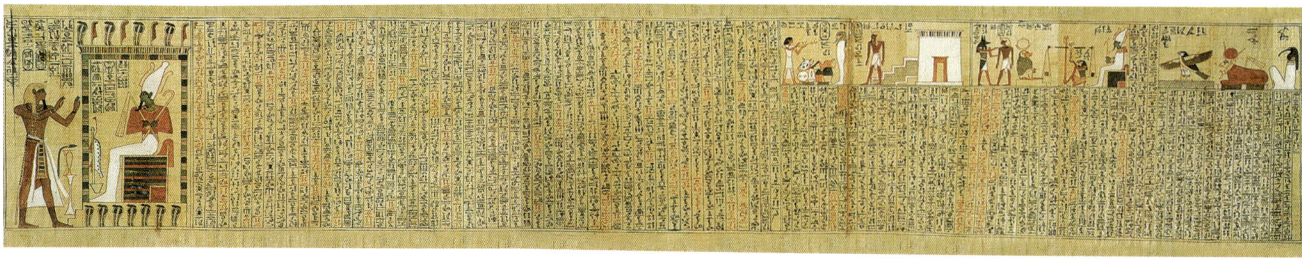

Im Totenbuch des Hohepriesters Pinedjem (ca. 1065–1045 v. Chr.) heißt ein Ausschnitt über dem Kopf des Priesters (ganz links): „Sohn des Re, seines Körpers, sein Liebling".

𓇳 𓅭 bedeutet s3-Rꜥ/ sar ray „Sohn des Re", 𓈖 n „von" 𓄡 ẖt 𓆑 f/het-ef, „sein Körper" 𓈘 mrj/merry 𓆑 f/ef „sein Liebling", ein beliebtes Epitheton.

Nach dem körperlichen Tod hofften die alten Ägypter, mit Osiris vereint zu sein. Der Verstorbene würde mit Re auf einer Sonnenbarke durch die gefährlichen Reiche der Unterwelt gleiten. Diese Reise war voller Hindernisse, Fallen und böser Dämonen, doch konnte man sie erfolgreich vollenden, wenn man die „Sprüche vom Herausgehen am Tag" rezitierte. Das Totenbuch wurde neben der Mumie bestattet und diente als Karte und Überlebensführer für die Unterwelt.

Ab 1506 v. Chr. wurden die ägyptischen Herrscher in Steingräbern im Tal der Könige in Westtheben begraben. Das älteste Totenbuch fand man auf Grabtüchern und Papyri aus dem 7. Jahrhundert v. Chr. Einige dieser Sprüche gingen auf die Sargtexte zurück (siehe Seite 72 bis 73), andere waren neu. Papyri mit Sprüchen aus dem Totenbuch wurden bald hohen Persönlichkeiten ins Grab mitgegeben, die nicht vom Königshaus abstammten. Die Verstorbenen wurden oft mit Papyri begraben, die sie als Lebende besessen und benutzt hatten. Papyri wurden aber auch als Massenware hergestellt, die von den Ägyptern je nach Bedarf gekauft werden konnte. Sie mussten in diesem Fall nur ihren eigenen Namen an der richtigen Stelle im Text eintragen. Illustrationen waren ein wichtiger Teil des Totenbuchs. Oft wurden die Bildnisse auf die Wände der Königs- und Privatgräber übertragen.

Auf seiner Reise in das Schilffeld (siehe Seite 73) durchschritt der Tote Tore, die von Dämonen bewacht wurden. Um Einlass zu erhalten, musste er vor diesen Wesen ausrufen: „Ich kenne dich, ich kenne deinen Namen", wie diese Ausschnitte zeigen:

„O ihr Tore und ihr, die ihr den Tordienst für Osiris verseht, die ihr die Tore bewacht und die ihr den Zustand der Beiden Länder dem Osiris meldet, Tag für Tag; ich kenne euch, und ich kenne eure Namen." „Von Osiris zu sprechen, wenn

er zum dritten Tor des Herzensmatten gelangt: Gib mir den Weg frei, denn ich kenne dich ..., Herrin des Altars, ... neben der es sich die Götter bequem machen an jenem Tag der Abydosfahrt' ist dein Name. ‚Heller' ist der Name ihres Türhüters."

Ausschnitte aus dem Totenbuch dienten manchmal als Amulette zum Schutz der Lebenden vor den Toten: Die Lebenden und auch die Mumien trugen Textfragmente als Halsschmuck. Diese Art Amulett fand man um den Hals eines Hohepriesters des Amun, der in Theben begraben war. Sprüche aus dem Totenbuch wurden auch bei der Mumifizierung verwendet. Die Sprüche beschreiben, wo genau die Amulette auf dem Körper getragen werden mussten. Außerdem rezitierte man während der Mumifizierung einige Stellen aus dem Totenbuch.

WIEDERKUNFT EINER SEELE UND HERAUSGEHEN AM TAGE

Dieser Spruch aus dem Totenbuch schenkte den Verstorbenen die Kraft, in die Welt der Lebenden zurückzukehren.

„In Frieden! Du bist verklärt worden, der du in Frieden eintrittst in das göttliche Auge. Du bist verklärt worden mit Ba und Schatten, dass du sie dort siehst. Möge (der Schatten) ihn sehen, zugewiesen an jeden Ort, an dem er sich befindet, in meiner Gestalt und in meiner Natur, in meiner Fähigkeit und in meiner wahren Gestalt eines Ba, der wohlversehen und göttlich ist. Möge er strahlen als Re, möge er leuchen als Hathor! (Mögest du) Ba und Schatten auf ihren Füßen laufen lassen ... Wer immer ihn sieht, ob er steht oder sitzt, der tritt ein in sein körperliches Haus. Ich bin ja einer von den Anbetern des Osiris ... die das Fest der Festopfer begehen."

OBJEKTE LESEN

Die alten Ägypter kannten kein Wort für „Kunst" und das Konzept eines Schmucks ohne praktische oder magische Funktion war ihnen fremd. Deshalb versahen sie viele ihrer Gebrauchsgegenstände mit wunderbaren Inschriften und bedeckten Statuen, Schmuck oder Waffen mit Bildern und Hieroglyphen, die Hinweise auf Verwendung und Besitzer geben.

STATUEN

Eine Statue war nicht nur Repräsentationsobjekt, sondern Abbild einer Person und ein Haus für die Seele, die weiterbestehen konnte, auch wenn die Mumie beschädigt wurde. Die Ägypter stellten Statuen in Gräber und Privatkapellen und verehrten die Reliefe von Göttern und Königen in Kultstätten. Sie dachten, dass die Statuen belebt wären und dass sie ihnen durch ein Zauberritual Leben einhauchen konnten. Zerstörte oder beschädigte man eine Statue, fügte man der dargestellten Person Schaden zu; wenn die Ägypter die Augen oder Nase einer bestimmten Statue zerstörten, so wollten sie damit die spirituelle Existenz dieser Person auslöschen, indem sie ihr den „Atem des Lebens" nahmen. Das Wort

DIE KÖRPERSPRACHE DER STATUEN

Ausführung und Standort einer Statue halfen den Analphabeten, ihre Bedeutung zu verstehen. Königsstatuen vor dem Tempelgang machten den König zum göttlichen Beschützer, Gewänder und Insignien boten Hinweise auf die religiöse oder mythische Bedeutung des Königs. Stehende Figuren mit geschlossenen Füßen (also Mumienhaltung) bedeuten Sterblichkeit. Ausschreitende Statuen zeigen die Männlichkeit und können mit 𓂻 oder 𓂽, einer Hieroglyphe für Tätigkeit, assoziiert werden. Ein König sitzt oft auf einem Thron, dem Zeichen für Isis 𓊨𓏏𓁐 *3st/Ah-set*. Der Thron symbolisiert den Königsthron, den göttlichen Sitz.

Diese lebensgroßen, bemalten Kalksteinstatuen von Prinz Rahotep und seiner Gemahlin Nefret stammen aus dem Mastabagrab des Paares in Meidum. Sie gehen auf die Zeit von König Sneferu (um 2625–2585 v. Chr.) zurück. Die Frauenstatuen waren oft heller bemalt als die Männerstatuen.

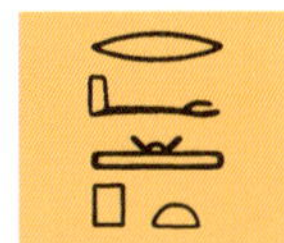

1 (Mund, r/rar) (Arm, ʿ/ah) (Papyrusrolle, ḥtp/hetep), (Brotlaib/t), (Stuhl, p/p) ergeben Rḥtp/Rahotep.

2 (nfr/nefer) (f/f) (r/r) (t/t) ergeben Nfrt/Nofret. Die sitzende Figur ist das weibliche Determinativ.

twt/tut bedeutet „Statue". Tut-anch kommt in dem Namen Tutenchamun (ca. 1332–1322 v. Chr.) („lebendes Abbild von Amun") vor.

Oft wurden Säulen, Basen, Hemden oder Schurze der Statuen mit Hieroglyphen beschriftet. Das Zeichen *ka* über dem Kopf ist Hinweis, dass die Statue für ein Grab gemacht wurde. Manche Blockstatuen enthielten biografische Texte, doch meist kommunizierten die Bildhauer anders mit den Massen. In viele Statuen waren erkennbare Merkmale der Herrscher eingeritzt. Symbole wie der Kiebitz oder ein Mann mit erhobenen Armen konnten in die Statuenbasis eingeritzt sein, um die Menschen zu den öffentlichen Bereichen des Tempels zu leiten.

SCHMUCK

Im alten Ägypten trugen Männer und Frauen Schmuck. Den Soldaten wurden für militärische Leistungen Halsketten verliehen, die Reichen schmückten sich als Zeichen ihres Standes. Menschen aller Klassen trugen Amulette mit Glückssprüchen oder Glückssymbolen. Sie dachten, dass diese Amulette Unglück abwenden konnten. Zu den Zeichen auf den Amuletten zählte das Auge des Horus 𓂀 *wḏ3t/wedjat*, das für Heilung steht, das Anch-Symbol ☥ *ꜥnḫ/annk* und der Falke, 𓅃 *ḥrw/heroo*, also der Gott Horus.

Ein wichtiger Schritt bei der Mumifizierung war die Verteilung der Amulette. Die Ägypter legten Halsketten, Armreifen und Ringe auf die Mumie. Auch als Grabbeigabe diente Schmuck. Viele Por-

PERSÖNLICHER SCHMUCK

AMULETT *s3/sar* Das Zeichen *s3* war ein Schutzsymbol und stand für eine Schutzhütte aus Papyrus. Es wurde nicht nur in dem Wort „Amulett" verwendet, sondern auch oft mit Taweret, der Göttin der Geburt, assoziiert.

KETTE *wsḫ/wesekh* Das Wort enthält Wachtelküken, gefaltetes Tuch, Plazenta und Kette.

SIEGELRING *ḏbꜥt/debart* Das Wort umfasst einen Finger, einen Brotlaib und ein Zylindersiegel, das an einer Perlenkette befestigt ist.

DIADEM *nfr-ḥ3t/nefer-hat* Luftröhre und Lunge (*nfr*) stehen neben dem Vorderteil eines Löwen (*ḥ3t*). Dieses Zeichen bedeutet „Vorderseite". Brotlaib (*t*) und Strich vervollständigen das Wort.

träts auf den Sargwänden zeigen den Toten mit Schmuck. Auf anderen Abbildungen in Gräbern und Tempeln sowie auf illustrierten Papyri finden wir Halsketten, Ohrringe und Armreifen, die zu feinen Leinengewändern getragen wurden.

Mit den Hieroglyphen wurden nicht nur die Amulette beschriftet, sie bezeichneten auch den Schmuck. In Skarabäusringe wurden Namen und Titel des Besitzers eingraviert. In Kartuschen, Platten, Verschlüsse und auf Ringe des Privat- und Ehrenschmucks des Königs waren oft Nomen und Pränomen eingestanzt (siehe Seite 82–85).

Die Handwerker erzeugten in den Werkstätten der Tempel- und Palastbezirke kunstvollen Schmuck. Ägyptologen wissen wenig über die Schmuckherstellung selbst, doch finden wir Abbildungen der Techniken in den Gräbern im Westen des modernen Luxor.

Der Abbau der Edelsteine *3t/art* wird häufig in biografischen Inschriften und auf Verwaltungspapyri beschrieben. Die Bergarbeiter verehrten Hathor, die „Göttin des Türkis". Diesen Stein schätzten die alten Ägypter sehr und hatten für ihn das Wort *mfk3t/mafkat*. Andere beliebte Steine waren Steinkristall, Lapislazuli *ḥsbd/hesbed*, Quarz, Feldspat, Knochen und Muscheln. Schmuck für die Oberschicht enthielt auch Silber *ḥḏ/hedge*, Gold *nbw/neboo* und die Legierung Goldsilber. Das Gold, das in den südlichen Regionen abgebaut wurde, war besonders beliebt. Die Ägypter brachten auch Schmuck als Kriegsbeute oder Zoll aus anderen Ländern mit. Dieser Schmuck wurde den Göttern als Opfer dargebracht.

Die Ornamente auf diesem Gürtel aus der 12. Dynastie (1938–1759 v. Chr.) bestehen aus Kaurimuscheln und Anhängern. Auf dem Goldanhänger (selbe Zeit) sehen wir Schlangen und Fledermäuse.

☥

DAS ANCH KANN EINEN SANDALENRIEMEN DARSTELLEN UND WAR AB DER VORDYNASTISCHEN ZEIT EIN SYMBOL FÜR DAS LEBEN. OFT WERDEN GOTTHEITEN MIT DEM ANCH-SYMBOL IN DER HAND ABGEBILDET.

DIE DJED-SÄULE WURDE MIT PTAH UND OSIRIS (SIEHE SEITE 30–33) ASSOZIIERT. SIE WURDE AUCH MIT ARMEN DARGESTELLT, DIE HAKEN UND WEDEL HALTEN, EIN SYMBOL FÜR OSIRIS UND DEN KÖNIG.

KRIEGSWAFFEN

Diese Zeremonialaxt gehört dem Kriegskönig Ahmose (ca. 1539–1514 v. Chr.). Er war der Begründer der 18. Dynastie und vertrieb die semitischen Hyksos aus Ägypten.

In der vordynastischen Zeit (vor 3000 v. Chr.) verwendeten die Ägypter Hornbogen, die Schützen des Mittleren Reichs (1980–1630 v. Chr.) benutzten einen 1,5 m langen Langbogen. Im Neuen Reich (1539–1075 v. Chr.) wurden die Bogen mit Sehnen verstärkt, die sie elastischer machten und ihnen größere Wurfweite gaben. Die Pfeile, die wir in dem Hieroglyphenwort für „Pfeil" *šsr/shes-er* sehen, bestanden aus Schilfrohr oder Holz und einer Spitze aus Feuerstein, Knochen, Stein oder Kupfer. Die Bogenschützen trugen oft Köcher mit zusätzlichen Sehnen, die Determinativ für das Wort für „Bogensehne" *rwḏ/rood* sind.

Die Keule hatte einen Kopf aus Stein oder Holz, der auf einem Stab befestigt war: *ḥḏ/hedge*, das Wort für „Keule", zeigt eine Waffe mit birnenförmigem Kopf. Häufig waren die Keulen bemalt oder beschrieben. Sie sind nur selten in den Grabbildern von Militärszenen zu sehen, doch wissen die Experten aus anderen Quellen, dass die Ägypter mit der Waffe die Verwundeten im Schlachtfeld töteten. Die Keulen sind in Schlagszenen mit sichelförmiger Klinge dargestellt.

Das Schwert kam erst zu Beginn der 18. Dynastie (1539–1292 v. Chr.) in Gebrauch, als die Ägypter ihre Waffen aus einem Stück fertigten. Das Wort für „Schwert" *sft/sefet* enthält eine Klinge. Das Langschwert war eine Stoßwaffe mit Knauf, das *Chepesch* ein ge-

WAFFEN DER SOLDATEN

AXT *3kḥw/ah-koo* Eine Axt war das Determinativ für dieses Wort, das auch die Zeichen für Geier (*3*), Hügel (*k*), gedrehten Docht (*ḥ*) und Wachtelküken (*w*) enthält.

DOLCH *m3gsw/ma-gess-oo* Eine Sichel verbunden mit einem Krugständer, dem Pflanzenzeichen für Oberägypten, einem Wachtelküken und einem Metallblock ergeben das Wort *m3gsw*.

WURFSTAB *ꜥmꜥ3t/ah-me-aht* Das Determinativ stellt einen Wurfstab dar; daneben enthält das Wort zwei Arme (*ꜥꜥ*), eine Eule (*m*), einen Geier (*3*) und einen Brotlaib (*t*).

bogenes Schwert, dessen Klinge so scharf war, dass man einen Gegner mit einem Schlag töten konnte. Oft sind Schwerter mit Metall- und Einlegearbeiten wie Kartuschen der Könige verziert. Axtklingen wurden mit Jagdmotiven verziert oder mit Kartuschen und anderen Hieroglyphen beschriftet. Perforierte Kupferklingen waren im Alten Reich (2625–2130 v. Chr.) beliebt. Eine der wirksamsten Waffen des Mittleren Reichs war das Sichelschwert. Im Neuen Reich durchdrangen die Klingen der scharfen Streitäxte Rüstungen.

Infantristen trugen Speere als Waffe. Die Fußsoldaten der vordynastischen Zeit waren mit einem Stab *mdw/medoo* bewaffnet, der lang, kurz oder gegabelt sein konnte.

Eine bemalte Kiste aus dem Grab des Tutenchamun (ca. 1332–1322 v. Chr.) zeigt den König bei einem Triumph über Feinde aus der Fremde, die die Kräfte des Chaos darstellen. Tutenchamun steht in seinem Streitwagen (Mitte).

DIE KRAFT DER NAMEN

Diese Inschrift ist Teil der „Königsliste“ in dem Kulttempel von Ramses II. (ca. 1279 bis 1213 v. Chr.) in Abydos. Details über Königstitel finden Sie nachstehend.

1 König Sethos I. (ca. 1290–1279 v. Chr.): Der Königstitel Mn m3ʿt reʿ/Men-mar-ray lautet „Die ewige Wahrheit ist Re“.

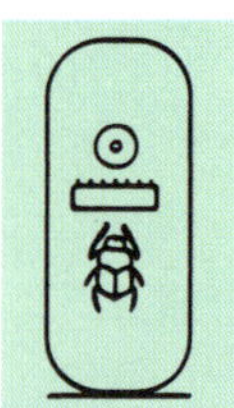

2 König Tuthmosis III. (ca. 1479–1425 v. Chr.). Der Name mn ḫpr re/men heper ray bedeutet „Re erscheint ewig“.

Die Ägypter glaubten, dass die Götter zu Beginn der Zeiten selbst die Erde regiert hatten. In dem Schöpfungsmythos von Heliopolis beginnt der Falkengott Horus einen Streit mit seinem hinterlistigen Onkel Seth und muss alle Kraft und List aufbringen, um ihn zu besiegen. Die ersten menschlichen Könige hießen „Anhänger des Horus“. Als Ober- und Unterägypten um 3000 v. Chr. vereinigt wurden, nannte man alle Könige „der Lebende Horus“.

KÖNIGSTITEL

Durch die Identifikation mit Horus war der König ein von Gott erwählter Herrscher und ein Gott auf Erden. Gegen Ende des Alten Reichs (2625–2130 v. Chr.) trug der König fünf Titel.

Dem ersten ging das Bild von Horus *Hr* voran; das war der „Horusname“. Der Horusname von Sethos I. (dessen Name in der Königsliste in Abydos links dargestellt ist) lautete „Starker Stier in Theben“, der von Sesostris I. (1919–1875 v. Chr.) „Leben der Geburten“. Der Horusname stand manchmal in einem Kreis als Symbol für den Palast. Im Neuen Reich (1539–1075 v. Chr.) galt „Palast“ *pr-ʿ3/pair-ah* als respektvolle Anrede für den König. Aus dieser Anrede leitete sich durch die Bibel unsere moderne Bezeichnung „Pharao“ ab.

Der zweite Name *nbty/nebti* lautete „Die Beiden Frauen“. Dieser Name unterstellte den König dem Schutz der Geiergöttin Nechbet von Oberägypten und der Kobragöttin Wadjet von Unterägypten. Der dritte Titel hieß „Horus aus Gold“. Das Gold bezog sich wohl auf den sonnenüberfluteten Himmel.

Der vierte und fünfte Name wurden auf Namensringe oder Kartuschen geschrieben (siehe Seite 11). Die Ringe standen für die Weltherrschaft des Königs und schützten seinen Namen auf den Monumenten. Der vierte Königstitel, den Wissenschaftler als Pränomen bezeichnen, wurde dem König bei seiner Thronbesteigung verliehen. In den Inschriften steht davor *nsw-bit/nesoo beet*. Meist wird dieser Titel mit „König von Ober-

1 König
Sethos I.
2 König
Tuthmosis III.

Please...
no flash inside

und Unterägypten" übersetzt, dem Titel, der auch die vereinigende Kraft des Herrschers über die Zweiheiten Wüste und fruchtbares Land, menschliche und göttliche Welt umfasst.

Der fünfte Titel oder Nomen ist der Name wie Tuthmosis oder Sethos, unter dem wir heute den König kennen. Meist steht vor diesem Namen „Sohn des Re", was den König als Nachfahren des Sonnengotts und seinen Vertreter auf Erden auszeichnet. Die Titel „Sohn des Re" und „König von Ober- und Unterägypten" standen außerhalb der Kartuschen.

Der König erhielt noch andere Titel, die wir oft auf Monumenten finden. Dazu zählen  *nb t3wy/neb-ta-we* „Herr der beiden Länder" und  *ntr-nfr/netcher-nefer* „Guter Gott".

Nach dem Tod des Königs garantierte ihm sein Name auf den Monumenten ewiges Leben. Es war üblich, dass die Herrscher Monumente für sich beanspruchten, indem sie den Namen des Erbauers des Tempels oder der Statue durch ihren eigenen Titel ersetzten. Dadurch erwarb der König die guten Eigenschaften, die dem Denkmal zugeschrieben wurden. Als Schutz befahlen die Ramessiden (ab ca. 1292 v. Chr.), ihre Namen mindestens 12 cm tief einzumeißeln.

22 m hohe Sandsteinstatuen des sitzenden Ramses II. (1279–1213 v. Chr.) bewachen den Tempel von Abu Simbel in Nubien.

DIE NOMEN UND PRÄNOMEN

Diese Tabelle enthält den vierten und fünften Titel von einigen Königen, die zwischen dem Alten Reich (vor der Vereinigung Ägyptens gab es keine Pränomen) und der griechisch-römischen Zeit regierten.

SNOFRU
2625–2585 v. Chr.

CHEOPS
2585–2560 v. Chr.

UNAS
2371–2350 v. Chr.

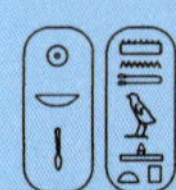
MENTUHOTEP
2081–2075 v. Chr.

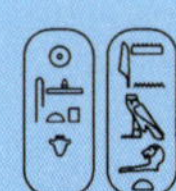
AMENEMHET I.
1938–1909 v. Chr.

SESOSTRIS I.
1919–1875 v. Chr.

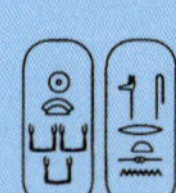
SESOSTRIS III.
1836–1818 v. Chr.

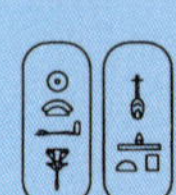
NEFERHOTEP I.
1741–1730 v. Chr.

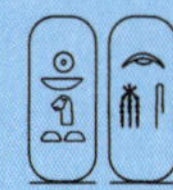
AHMOSE
1539–1514 v. Chr.

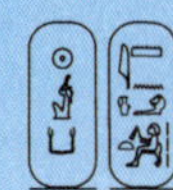
HATSCHEPSUT
1479–1458 v. Chr.

AMENHOTEP III.
1390–1353 v. Chr.

SEThOS I.
1290–1279 v. Chr.

RAMSES II.
1279–1213 v. Chr.

RAMSES IX.
1126–1108 v. Chr.

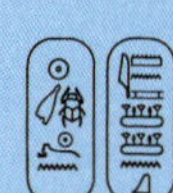
SCHESCHONK I.
945–924 v. Chr.

PTOLEMAIOS I. SOTER
305–282 v. Chr.

GÖTTER UND GÖTTINNEN

Ein Fragment des bemalten Reliefs aus dem Grab von Sethos I. (ca. 1290–1279 v. Chr.) zeigt die Göttin Maat mit Namen und Titel.

SICHEL, UNGEKANNTES ZEICHEN, UNTERARM UND BROT BEDEUTEN M3ˁT „WAHRHEIT", MAATS EPITHETON. DAS SYMBOL DER GÖTTIN IST DETERMINATIV.

DIE ZEICHEN FÜR GANS UND BROTLAIB HEISSEN S3.T, DIE SONNE WIRD Rˁ AUSGESPROCHEN. S3.T Rˁ/ SART RAY IST DER TITEL „TOCHTER DES RE".

Die ägyptischen Götter waren denselben Naturgesetzen unterworfen wie die Menschen. Sie erledigten menschliche Arbeiten, führten Kriege, hatten Gefühle, wurden krank und starben. Der Schöpfungsmythos von Heliopolis in Unterägypten erzählt, dass die Schöpfergottheit *ˁItm/Atum* Vater und Mutter der anderen Gottheiten war. In Grabmalereien und anderen Bildnissen wird Atum oft als Mensch mit den Kronen von Ober- und Unterägypten dargestellt. Die Pharaonen ließen ihre Herrschaft von den Göttern bestätigen, indem sie sich mit ihnen assoziierten. Die häufigste Variante des Namen Isis *3st/Isis* enthält das Zeichen für „Thron". Isis zog ihren Sohn Horus auf, der seinen hinterlistigen Onkel Seth besiegen und den Thron rückerobern sollte, den Seth Horus' Vater Osiris, dem ersten König auf der Erde, gestohlen hatte: Die herrschenden Pharaonen galten als Verkörperung von Horus, Isis wurde als Mutter des Pharao verehrt. Königliche Epitheta enthalten einen „Horusnamen".

Maat, die Göttin der Wahrheit und Gerechtigkeit, stand für die Ordnung und Harmonie des Universums. Es war die göttliche Pflicht des Pharaos, die Ordnung wiederherzustellen, die zu Beginn der Welt geherrscht hatte. Häufig opfert der Pharao auf den Darstellungen den Göttern ein Bild von Maat mit ihrem Symbol, der Straußenfeder. Nach dem Tod wurde das Herz des Verstorbenen in der Gerichtshalle des Osiris gegen die Feder der Maat, die Wahrheit, aufgewogen (siehe Seite 88).

Oft wiegt Toth, der Gott der Weisheit, das Herz ab. Er war in der Unterwelt für Berechnungen und die Aufzeichnung der Namen der Toten zuständig. Die Ägypter dachten, dass Toth ihnen die Kunst, Hieroglyphen zu schreiben und zu lesen, vermittelt hatte. Daher wurden die Schreiber oft als „Anhänger des Toth" bezeichnet. Manchmal wurde Toth mit dem Mond und dem Ibis (siehe Seite 89) assoziiert. Oft wird er auch als Pavian dargestellt. Dieses Tier, das kurz vor Tagesanfang schrille Schreie ausstößt, stand für den Übergang zwischen Tag und Nacht.

Die Hieroglyphennamen vieler Gottheiten enthalten Tier- oder Vogelsymbole. Horus wurde meist als Falke dargestellt, seine Schwingen als der Himmel und seine Augen als Sonne und Mond. Manchmal war das Zeichen für Horus einfach ein Falke, in anderen Fällen ein Falke auf einer Standarte, wie in *ḥr/*

In diesem Grabtext aus dem Jahr 1285 v. Chr. wird der Tote Hunefer von Anubis zu der Waage geleitet, wo über den zukünftigen Platz seines Herzens entschieden wird. Toth (stehend, nach links blickend) dokumentiert, dass das Herz ins Paradies aufsteigen darf. Danach führt Horus Hunefer zu Osiris (am Thron).

heroo, oder ein Falke auf dem Goldsymbol wie in *ḥr-n-nbw/heroo-n-neboo*. Chnum, der Gott der Töpfer, erschuf auf seiner Scheibe Menschen aus Ton. Er wurde mit der Nilschwemme assoziiert und als „Herr der Krokodile" verehrt. In seiner Funktion als Fruchtbarkeitsgott wurde er als Widder dargestellt. Determinativ in seinem Namen ist ein Gott mit Widderkopf: *ẖnmw/henmoo*. Anubis, der Gott des Balsamierens, wird meist als Schakal oder als Schakal auf einem Sockel dargestellt .

Oft wurde der Name eines Gottes aber ohne Bilder geschrieben. In dem Schöpfungsmythos von Theben, der Hauptstadt von Oberägypten, war Amun der Schöpfergott. Sein Beiname war „Verborgener", da er abseits der natürlichen Welt lebte und sogar den anderen Göttern verborgen war. Sein Name wurde manchmal nur mit Lautzeichen ohne Symbolik geschrieben (siehe Kasten).

Das Wort für Gott enthält einen Wimpel: *nṯr/netcher*. Dieses Zeichen zeigt ein Tuch an einem Fahnenmast, ein Banner, das mit heiligen Bezirken assoziiert wurde. Den Wimpel finden wir auch im Wort „heilig" *nṯr/netcher* und als Determinativ für den Namen eines Gottes. Zusätzlich kann der Wimpel einen heiligen Ort bezeichnen, wie das in dem Wort „Nekropolis", *ẖr(t)-nṯr/hurt-netcher*, der Fall ist.

Ein Detail aus der Hunefer-Szene zeigt Horus mit der Sonnenscheibe und einem königlichen Uräus (Krone mit Kobramotiv). Hier ist er „Re-Harachte – Horus des Horizonts".

DIE ÄGYPTISCHEN GOTTHEITEN

TOTH Ein Gott der Weisheit, auch als Dehuti bekannt. Oft enthält sein Name einen Ibis, dessen gebogener Schnabel an eine Mondsichel erinnert. Der Name kann auch mit dem Symbol eines Vogels, der auf einer heiligen Standarte sitzt, geschrieben werden.

ATUM Sonnengott und erster Schöpfergott, dessen Name „Ganzheit" oder „Einheit" bedeutet.

OSIRIS Der Toten- und Fruchtbarkeitsgott, Bruder und Gemahl von Isis. Sein Name enthält das Zeichen für Auge und Thron und bedeutet „der den Thron macht oder darauf sitzt" oder „der sich mit Isis verbindet".

HORUS Der Sohn von Isis und Osiris, der gegen Seth um die Königsherrschaft kämpfen musste. Er wird immer als Falke dargestellt. Sein Name erscheint oft in einem Rechteck oder „Serech", das wie eine Kartusche (S. 11) verwendet wurde.

AMUN Sein Name „der Verborgene" (siehe links) wird immer in Lautzeichen (*imn*) geschrieben.

SETH Der Gott des Chaos, der Winde und des Sturms wird meist mit Schnabel, Hörnern und gegabeltem Schwanz dargestellt. Sein Geburtstag war ein Unglückstag.

NUT Himmelsgöttin, Mutter des Sonnengotts Re, den sie mit jedem Sonnenaufgang gebiert. Ihr Name enthält einen Topf über dem Himmelssymbol und einen Brotlaib.

CHNUM Der Schöpfergott wird meist als Mann mit Widderkopf dargestellt. Der Widder war Chnum heilig.

GEB Erdgott, Bruder und Gefährte der Himmelsgöttin Nut. Meist ist sein Körper wegen der Verbindung mit der Natur grün bemalt.

ISIS Herrin der Magie, Gefährtin des Osiris und Mutter des Horus. Die Ägypter sahen in Isis die Mutter des herrschenden Pharaos.

ANUBIS Gott der Balsamierung, mit einem Schakal assoziiert und oft als schwarze Hundefigur dargestellt. Im alten Ägypten schändeten viele streunende Hunde die Gräber.

CHEPRE Der Sonnengott wird als Skarabäus dargestellt, dessen Larven aus gerollten Mistkugeln schlüpfen. Er wurde mit dem Mythos der Selbsterschaffung und dem Auftauchen der Sonne aus der Unterwelt assoziiert. Das Mistkäfer-Symbol bedeutet auch „entstehen".

TEMPELINSCHRIFTEN LESEN

Ramses II. (1279–1213 v. Chr.) ließ in Abu Simbel, am Ufer des Nil südlich des modernen Assuan, einen Tempel zu Ehren der Göttin Hathor und einer seiner Hauptfrauen, Nefertari, errichten. Der Tempel steht in der Nähe eines größeren Tempels, den derselbe König für Amun Re, Ptah und Re-Harachte bauen ließ. Die 10,5 m hohen Statuen neben dem Eingang zum Nefertari-Tempel stellen den König dar. Die Inschrift auf einer Säule links lautet „König von Ober- und Unterägypten, (stark in Wahrheit ist Re, Auserwählter des Re), Sohn des Re, (Liebling des Amun, Ramses) Herrscher über zwei Länder, der Liebling, dem wie Re ewiges Leben gegeben ist" (siehe unten). Die Klammerausdrücke sind Pränomen und Nomen des Königs (siehe Seite 82–85). Die zweite, beschädigte Kartusche ist nicht abgebildet. Darauf soll „Ramses, Liebling des Amun" stehen.

1 „Herrscher von Ober- und Unterägypten". *nsw-bit/nesoo-beet* enthält eine Biene, das Symbol für Unterägypten, und ein Riedgras, das Zeichen für Oberägypten. Der Titel wurde ab 3100 v. Chr. verwendet.

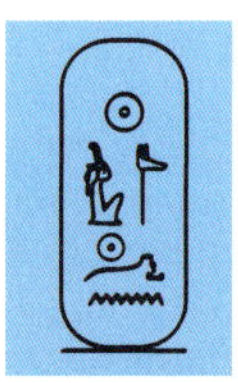

2 „Stark in Wahrheit ist Re, Auserwählter des Re". In der Kartusche finden wir eine Sonne, einen Hundekopf auf einer Standarte, das Zeichen der Göttin Maat, noch eine Sonne, Land und eine Wasserlinie. Gemeinsam ergibt das einen der fünf Namen von Ramses.

3 „Sonne des Re". Ente und Sonne ergeben *s3-rꜥ/sar-ray*. Darunter ist die beschädigte Kartusche „Liebling des Amun, Ramses".

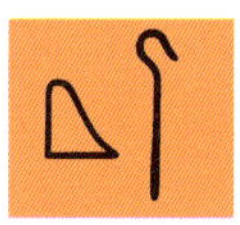

4 „Herrscher" *ḥk3/hekka* verbindet *ḥk3* mit einem Hügelabhang. Der Stab repräsentiert einen Hirtenstab.

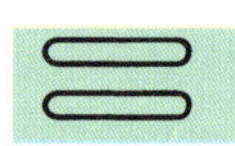

5 „[der] beiden Länder" Die beiden Landstriche *t3wy/tarway* stehen für die beiden Länder Ober- (Süden) und Unterägypten (Norden), die auch in Nr. 1 genannt werden.

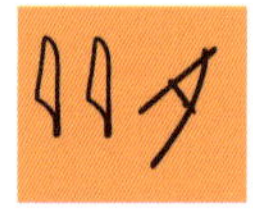

6 „Liebling" *mri/merry* verbindet die Symbole für Axt und zwei Schilfblätter zu diesem königlichen Epitheton.

7 „Gegeben" *di/dee* ist mit einem Spitzbrot geschrieben. Dieses Symbol ist ein Beispiel für ein Ideogramm (siehe Seite 20).

8 „Leben". Das *ꜥnḫ/annk*-Symbol war ein verbreitetes Zeichen für Leben. Es wurde in dem Wort „Spiegel" *ꜥnḫ/annk* (siehe Seite 95) verwendet.

9 „Wie Re" wird *rꜥ-mi/ray-mee* mit einem Milchkrug in einem Netz und einer Sonne geschrieben. Das Nomen Ramses' (in der beschädigten Kartusche) lautete *Rꜥ-ms-s/Ramessee* „Liebling des Re".

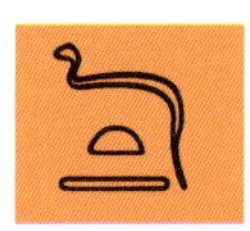

10 „Ewig" *ḏt/jet* wird mit Kobra, Brotlaib und einem Landstrich geschrieben. Dasselbe Wort könnte auch zwei gedrehte Dochte und eine Sonne enthalten: .

Biene und Riedgras (siehe 1).

Ramses' Pränomen (siehe Seite 83) in einer Kartusche (siehe 2).

Ente und Sonne (siehe 3).

Hirtenstab und Hügelabhang (siehe 4).

Kobra, Brotlaib und Land (siehe 10).

Milchkrug in einem Netz und Sonne (siehe 9).

Das *Anch*-Symbol (siehe 8).

Ein Spitzbrot (siehe 7).

VIERTES KAPITEL

ALLTAGS-LEBEN

Die Hieroglyphen zeigen uns, wie die alten Ägypter lebten. Wir erfahren sehr viel mehr über Familienleben, Arbeit, Gesundheitswesen, Verwaltung, Kriege, Religion und Korrespondenz dieses alten Volkes, wenn wir die Schriftzeichen verstehen.

Das Horusauge 𓂀 ist am Bug von Amuns Barke auf diesem Bildnis aus der Kapelle von Sethos I. (ca. 1290–1279 v. Chr.) in Abydos zu sehen.

EIN GESUNDES LEBEN

In manchen Bildnissen sind ägyptische Frauen mit Tätowierungen zu sehen. Diese Tätowierungen waren nicht nur Schmuck, sie hatten auch praktischen Nutzen. Die Musikerin auf dieser blauen Fayenceschüssel (ca. 1300 v. Chr.) hat den Fruchtbarkeitsgott Bes auf den Oberschenkel tätowiert.

Die alten Ägypter sorgten sich sehr um ihren Körper und ihr Aussehen, wie die vielen Toiletten- und Kosmetikartikel beweisen, die in den Gräbern der Oberschicht gefunden wurden. Ägyptische Ärzte kannten die Anatomie erstaunlich genau. Die unterschiedlichen Behandlungsformen (einschließlich der Zaubersprüche und Tränke) sind in den medizinischen Papyri beschrieben.

SCHÖNER KÖRPER

Die Ägypter legten großen Wert auf Reinheit und Körperpflege, wie die große Zahl an Hieroglyphen zeigt, die mit Wasser und der täglichen Körperpflege verbunden waren. Zeichen von Wasserkrügen wie und finden wir häufig in Texten über Körperpflege.

Nach dem Waschen strichen wohlhabende Ägypter Spezialöle wie Sesam- und Moringaöl als Feuchtigkeitspflege auf die Haut, um sie vor Schäden durch das trockene ägyptische Klima zu schützen. Als Deo dienten Harz und das Öl der Pinienkerne.

Mandel-, Rizinus- und Olivenöl wurden mit ätherischen Ölen aus Kräutern und Blüten zu Parfums gemischt. Archäologische Funde beweisen, dass diese Düfte ab vordynastischer Zeit (vor 3000 v. Chr.) in Gebrauch waren.

Die bekanntesten Zeichen über Körperpflege waren Töpfe und Krüge, in denen die Ägypter Öle und Salben aufbewahrten. Diese Gefäße konnten verschiedene Formen haben. Am verbreitetsten waren ein verschlossenes Salbgefäß, eine Tasse (das Determinativ in *ʿʿb/eeeb*, dem Wort für „Tasse") und ein Topf *nw/noo*. Eines der Wörter für „Öl" *mrḥt/mert* verband eine Axt (*mr*), einen Mund (*r*), einen gedrehten Docht (*ḥ*) und einen Brotlaib (*t*) mit einem Salbgefäß als Determinativ.

Im alten Ägypten waren Schönheit und Körperpflege eng miteinander verbunden. Die entsprechenden Hieroglyphenwörter enthalten beide das Zeichen für „Haar" *šny/sheny* und ver-

schiedene Symbole für das Auge, darunter ein geschminktes Auge und ein Auge mit Lidstrich unten . Ab Beginn der ägyptischen Kultur verwendeten die Menschen Make-up, um die Augen zu betonen, die Leben und Ganzheit symbolisierten. Männer und Frauen schminkten die Augen. Das Make-up hatte auch praktischen Nutzen: Es schützte die Augen vor dem starken Sonnenlicht.

Perücken und falsche Zöpfe aus Menschenhaar, das mit einer Zange gewellt und mit Harz und Wachs befestigt wurde, waren bei Männern und Frauen aller Gesellschaftschichten beliebt. Wie das Augen-Make-up hatten auch die Perücken praktischen Nutzen: Viele Menschen litten unter Kopfläusen und rasierten den Kopf vorsorglich.

SCHÖNHEITSPFLEGE

SCHÖNHEIT *nfrw/nefer-oo* Drei Herzen mit Luftröhre bedeuten *nfrw*; das Verb „schön sein" wurde *nfr/nefer* geschrieben.

PARFUM/DUFT *sty/set* Ein gefaltetes Tuch, ein Brotlaib, zwei Striche und eine Pustel. Die Pustel aus „einbalsamieren", *sdwḫ/sedoo-ek*, kann Ursprung für dieses Zeichen sein.

SPIEGEL *ꜥnḫ/annk* Die alten Ägypter assoziierten das Spiegelbild mit dem Leben der Person im Spiegel. Deshalb enthält das Wort für Spiegel auch das *Anch*-Zeichen, das als Symbol für das Leben gilt.

DUFT *idt/edit* Eine Hand, von der Flüssigkeit tropft, und ein Brotlaib ergeben gemeinsam das Wort für „Duft".

DIE HEILKUNST

Durch ihre Begräbnisrituale waren die alten Ägypter mit der Struktur des menschlichen Skeletts und der Körperorgane vertraut. Anhand von Schlachtopfern studierten sie die Anatomie. Sie kannten auch die Struktur des Schädels und konnten Kopfverletzungen behandeln.

Die meisten bekannten medizinischen Papyri umfassen Sammlungen von Untersuchungen, Diagnosen und Behandlungen. Aus diesen Dokumenten gewannen die Wissenschaftler wichtige Aufschlüsse über die Heilpraktiken.

Hieroglyphenwörter aus der medizinischen Terminologie sind sehr bildlich. Einige Zeichen stellen eine Pustel oder eine nässende Pustel als Symbol für die Körperausscheidungen dar. Das Determinativ in „Tod", *mwt/moot*, ist ein gefallener Mann. Das Verb „ausspucken", *k3ꜥ/kaha*, zeigt einen Mann, der die Hand am Mund hält.

Die Ägypter litten an Krankheiten, die durch Parasiten im Wasser ausgelöst wurden, wie etwa Schistosomenbefall oder Blasenbilharziose, bei denen sich die

KRANKHEIT UND GESUNDHEIT

GESUND SEIN *snb/seneb* Das Verb und das Hauptwort „Gesundheit" werden gleich geschrieben. Determinativ ist eine Schriftrolle, die vielleicht ein medizinisches Dokument darstellt.

KRANK SEIN *mr/mer* Das Determinativ ist ein Sperling mit abwärts gerichtetem Schwanz. Dieses Zeichen drückt Negatives aus.

MEDIZIN *pẖrt/fert* Das Symbol links oben ist ein Darm, das runde Determinativ kann eine Pupille darstellen.

SCHMERZEN *3hw/ arhoo* Geier, Schutzhütte aus Matten, Wachtelküken und Sperling mit abgesenktem Schwanz als Determinativ.

AUSSPUCKEN *kꜥ/kaha* Eine Variante des Wortes aus dem Haupttext (oben) mit Hügelabhang, Unterarm und Flüssigkeit von Lippen.

ARZT *swnw/soonoo* Das Wort verbindet Pfeil, Schüssel, Strich und sitzenden Mann. Der Pfeil ist ohne Zweifel ein Symbol für die Fähigkeit des Arztes, Krankheiten zu behandeln.

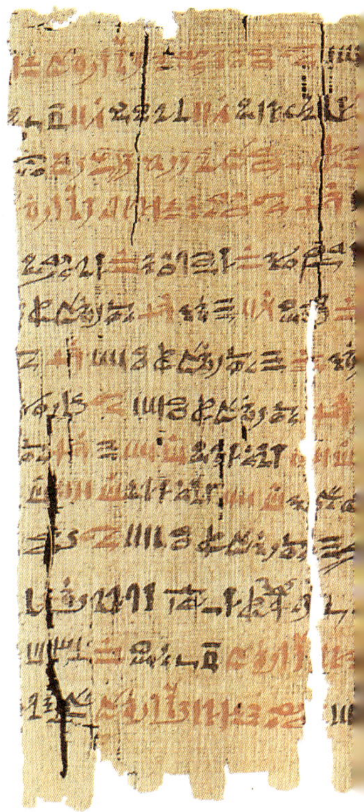

Parasiten in den Venen einnisten. Auch von Bandwurm und Guineawurm wurden sie häufig befallen. Bakterien- und Vireninfektionen wie Tuberkulose, Tetanus, Blutvergiftung und Abszesse, Knochenmarkentzündung, Polio und Pocken waren verbreitet, ebenso Schlangen- und Skorpionbisse.

Die Ärzte erhielten eine formale Ausbildung. Einige Wissenschaftler meinen, dass sie in einer Tempelschule mit dem Namen „Haus des Lebens" studierten. Viele hatten Priestertitel und wurden mit Sachmet, der Göttin der Zerstörung und Heilkunst, assoziiert. Manche Ärzte verwendeten Gegengift-Sprüche: Der Patient erhielt Wasser, das über eine Stele mit magischem Text gegossen worden war. Die Ärzte konnten auch bandagieren, Umschläge machen und Lotionen einsetzen.

Auch Präventivmedizin war bekannt. Knoblauch wurde zum Schutz des Hauses eingesetzt und wirkte sicher auch gegen Stechmücken. Reinigungsrituale sollten vor einem Befall mit Bazillen und Flöhen schützen.

Medizinische Papyri handeln von Knochenbrüchen, Traumata, Geburten und Gynäkologie. Sie enthalten medizinische und magische Heilmittel. Dieser Papyrus ist in Hieratisch (siehe Seite 12) geschrieben.

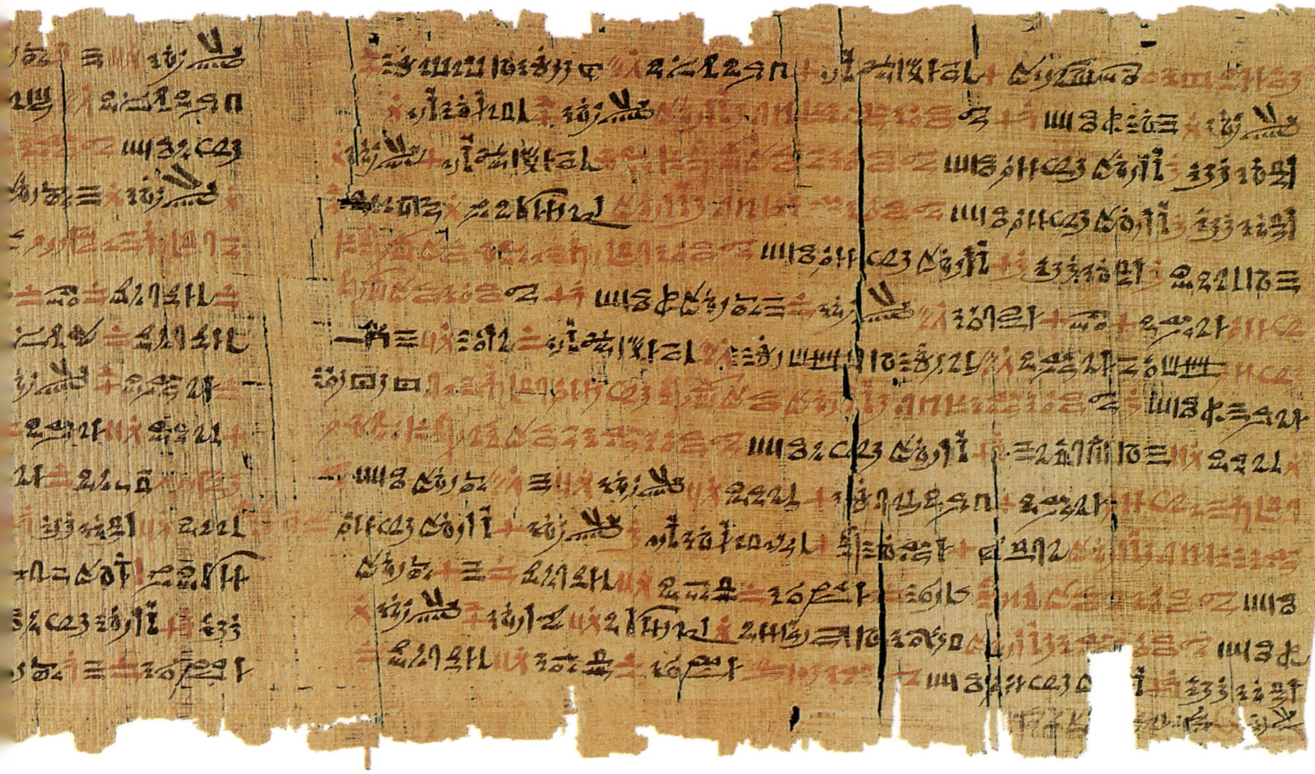

TOD UND LEBEN IM JENSEITS

Ein Priester mit der Maske von Anubis, dem Gott der Balsamierung, vollführt in dieser Abbildung aus dem Totenbuch des Chensumose (10.–11. Jahrhundert v. Chr.) an einem Toten das Begräbnisritual.

MITTE Detail der Uschebti auf Seite 101.

EINE HIEROGLYPHE AUS DEM BILD GEGENÜBER ZEIGT EINE KOBRA, DIE AUF EINEM KORB (DEM URÄUS) LIEGT. SIE WAR DAS SYMBOL VON WADJET, DER GÖTTIN VON UNTERÄGYPTEN. DIE HIEROGLYPHE DER KOBRA WAR AUCH DETERMINATIV FÜR IHREN NAMEN. SIE HATTE KEINEN LAUTWERT. URÄUS IST OFT AUF DER KÖNIGSKRONE ZU SEHEN, WO ER SICH ERHEBT, UM DIE FEINDE DES KÖNIGS ZU VERGIFTEN.

Die meisten alten Ägypter glaubten, dass Bilder von Toten Böses bewirkten, und vermieden Hieroglyphen dieser Art. Allerdings finden wir manchmal Zeichen über Begräbnisse und Trauer. Die Ägypter konzentrierten sich lieber auf das Leben, das sie mit dem Zeichen ☥ *ꜥnk/annk* darstellten, und auf den Triumph des Lebens über die Zerstörung.

Hinweise auf die Begräbnisrituale in Frühägypten lassen darauf schließen, dass das Leben nach dem Tod dem König und seiner Familie vorbehalten war. Dem Großteil der Bevölkerung war ein düsteres Dasein im Grab beschieden. Die Könige stellten sich das Paradies als Reich der großen Göttin der Winde vor. In diesem „Schilffeld" (oder „Opferfeld") führten sie ihr irdisches Leben ohne Hunger und Krankheiten fort. Erst im Mittleren Reich (1980–1630 v. Chr.) setzte sich der Glaube an ein ewiges Leben für alle durch. Damals behandelten alle religiösen Texte das Konzept der Sterblichkeit (siehe Seite 72–73); im Mittleren Reich legten Begräbnis- und Lehrtexte fest, wie man den Göttern der Unterwelt entgegenzutreten hatte. Einige Totengötter wurden nur mit den Toten assoziiert, andere hatten mehrere Aufgaben: Anubis wurde mit der Balsamierung und der Mumifizierung assoziiert. Osiris, der Herr der Unterwelt, wurde auch mit landwirtschaftlichen Tätigkeiten verbunden, Hathor mit Fruchtbarkeit, Musik und Tanz.

Für ein Leben nach dem Tod war es unerlässlich, den Körper zu konservieren. Die Menschen der Oberschicht begannen früh für das Begräbnis vorzusorgen, denn das Leben war unsicher, und sie mussten vor dem Tod ein Grab richten und schmücken. Die Grabbilder zeigen die Menschen in jugendlicher Frische. Diese Figuren waren Ersatz für den physischen Körper und für das Überleben wichtig. In den Hieroglyphen von Grabgebäuden und Begräbnissen ist der Schrein enthalten. Dieses Symbol war Determinativ in dem Wort „Kapelle" *k3(r)i/kari*; *mr/mer* stand für das Wort Pyramidengrab mit der Pyramide als Determinativ. Die Doppeltreppe war Determinativ in dem Wort „Aufstieg" *k3y/kaee*.

Die Mumifizierung geht bis auf die frühdynastische Zeit zurück und erreichte ihren Höhepunkt im Neuen Reich (1539–1075 v. Chr.). Nach der 21. Dynastie (1075–945 v. Chr.) nahm ihre Bedeutung ab. Die Balsamierung dauerte 70

Tage. Zuerst wurden die Eingeweide entfernt; das Herz blieb im Körper, während Gehirn und innere Organe entnommen wurden. Danach wurde der Körper 40 Tage in Natron gelegt, bis er völlig entwässert war. Nun wusch man den Körper, füllte die Höhlung mit Harz, Kräutern und Leinen und umwickelte ihn mit Leinenbinden. Magen, Leber, Darm und Lunge wurden in verschlossene Gefäße gelegt, die oft den vier Söhnen des Horus, Imseti, Hapi, Duamutef und Kebsenuef, nachgebildet waren. Drei Zeichen für Mumie waren Hinweis auf die Balsamierung und ein Symbol des Todes. Sie konnten auch auf Osiris und den

Eine aufgerichtete Kobra.

Schöpfergott Ptah hinweisen. Ein Korb war Determinativ in dem Verb „begraben" *ḳrs/curse* und in dem Wort für „Sarg" *ḳrsw/cursu*.

Die Toten fuhren in einer Barke zur Unterwelt. Bei ihrer Ankunft wurden sie in Anwesenheit von Osiris von einem Totengericht befragt. Da das Herz das Gewicht des Verhaltens eines Menschen während seines Lebens trug, mussten die Toten beweisen, dass ihre Herzen rein waren. In der Gerichtshalle wurden ihre Herzen gegen eine Feder aufgewogen – das Symbol von Maat, der Göttin der Wahrheit und Gerechtigkeit. Toth, der Gott der Schreibkunst, zeichnete das Ergebnis auf. Wer den Test nicht bestand, wurde von der „Fresserin" verzehrt (siehe Seite 72).

Die Toten lebten in mehreren Formen weiter. Das *Ba*, ein Vogel mit Menschenkopf, konnte das Grab verlassen und mit den Lebenden kommunizieren. Das *Ka* (die Seele) blieb im Grab und wurde durch Gebete und Opfergaben am Leben erhalten. Die Oberschicht beauftragte Priester, täglich Opfergaben am Grab ihrer Verwandten zu hinterlassen. Wenn das Herz bei der Prüfung in der Gerichtshalle vor Osiris (siehe Seite 86) rein war, vereinigten sich *Ba* und *Ka* in Form von *Ach* und lebten in dieser Form ewig weiter. Sie konnten den Lebenden Gutes und Böses tun.

Die Ägypter schrieben Ereignisse aus dem Leben und Verwandtschaftsverhältnisse auf Monumente und Stelen. Wenn Besucher des Grabs die Inschrift lasen und den Namen des Verstorbenen aussprachen, so lebte das *Ka* weiter. Grabbildnisse des Toten waren ein magischer Ersatz für den Körper, falls dieser einen Schaden erleiden sollte.

ÜBERLEBEN IN DER UNTERWELT

JENSEITS *imḫt/eemhet* Schilfrohr (*i*), Rippe und Eule (*m*) ergeben gemeinsam mit gedrehtem Docht (*ḫ*), Brotlaib (*t*) und einem Haus das Wort „Jenseits".

TRAUERN *i3kb/jarkeb* Schilfrohr (*i*), Geier (*3*), Korb mit Griff (*k*) und Bein mit Fuß (*b*) bedeuten „trauern". Das Haar ist Determinativ in Wörtern, die mit Leere oder Mangel assoziiert wurden.

LEBEN *ˁnḫ/annk* Das *Anch*-Zeichen für Leben ist in diesem Wort mit einer Wasserlinie (*n*) und einer Plazenta (*ḫ*) verbunden.

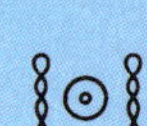
EWIGKEIT *nḥḥ/nekk* Zwei Dochte und eine Sonne ergeben „Ewigkeit".

1 Ka

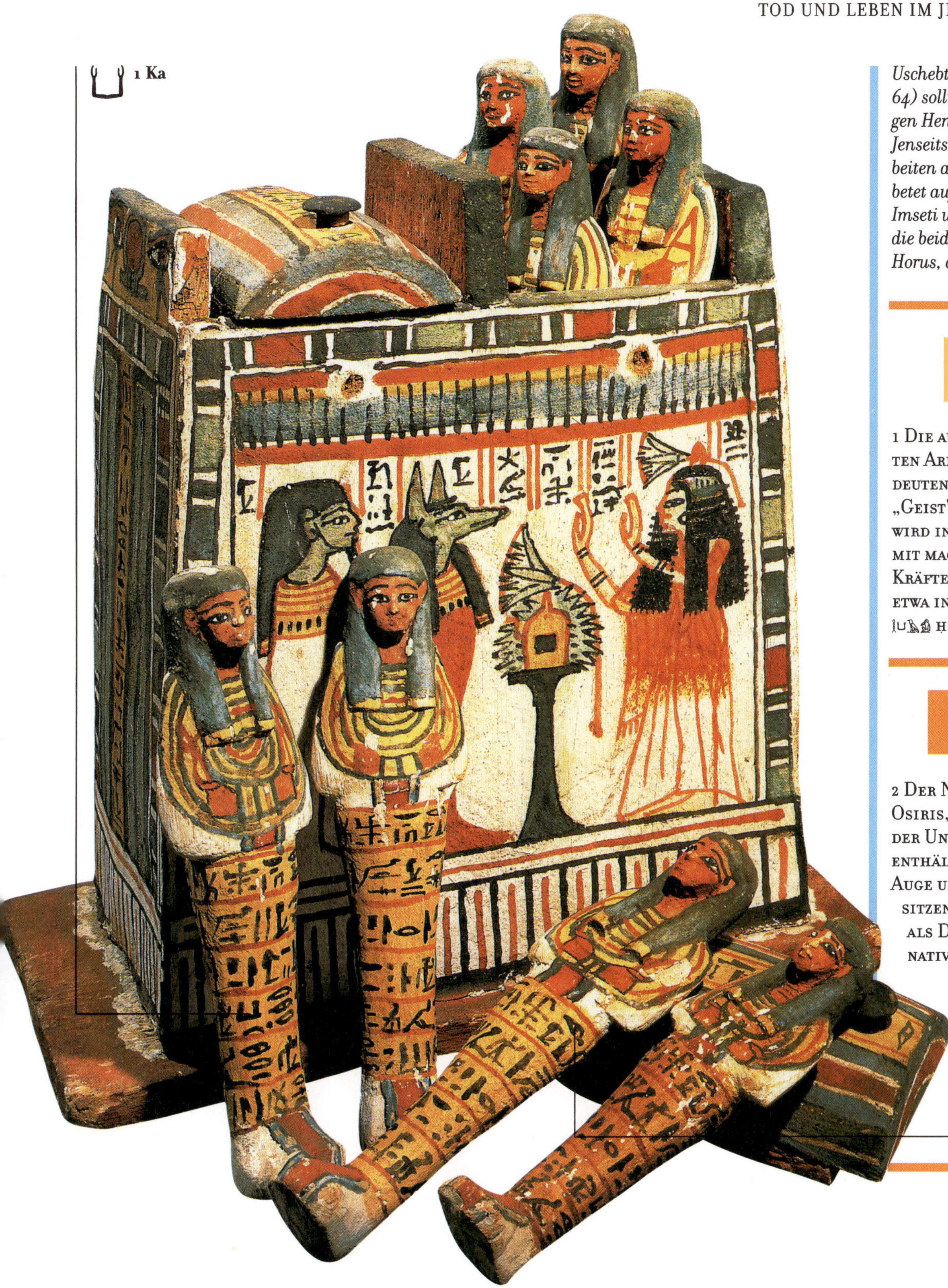

Uschebti (siehe Seite 64) sollten der Adeligen Henutmehyt im Jenseits niedere Arbeiten abnehmen. Sie betet auf dem Bildnis Imseti und Duamutef, die beiden Söhne des Horus, an.

1 Die ausgestreckten Arme k3/car bedeuten „Seele“ oder „Geist“. Das Symbol wird in Wörtern mit magischen Kräften verwendet, etwa in „Magie“ ḥk3/hekka.

2 Der Name von Osiris, dem Gott der Unterwelt, enthält Thron, Auge und einen sitzenden Gott als Determinativ.

2 Osiris

BEZIEHUNGEN

Oft wurden wohlhabende Familien in einem Grab beigesetzt. Die Grabmalereien zeigen meist den Grabbesitzer umgeben von Frau und Kindern. Dieses Bildnis aus einem Grab aus dem 12. Jahrhundert v. Chr. in Deir el Medina zeigt den Graberrichter Inhercha mit seiner Familie. Das Mädchen links außen hält einen Vogel, der an die Hieroglyphe für „Nestling“ erinnert. Wahrscheinlich war dies der Kosename des Mädchens.

SEITE 102–103: *Ramses II. (ca. 1279 bis 1213 v. Chr.) blickt ernst über den Tempel von Luxor. Am Sockel des Obelisken rechts von seiner Statue sieht man das Anch-Symbol* ʿnh/annk *für Leben und das Spitzbrot* di/dee.

Die ägyptische Kunst idealisiert die Beziehungen der Menschen zueinander und zu den Göttern. Häufig zeigen Porträts von verheirateten Paaren oder Familien die Nähe durch Körperkontakt. Zwar werden Gefühle in der Kunst kaum ausgedrückt, doch geben uns Literatur und Liebesgedichte Aufschluss über die Emotionen und Sexualpraktiken der Ägypter.

GENERATIONEN

Familienoberhaupt war der Ehemann. Seine Frau war unter ihrem Vornamen und ihrem Ehenamen bekannt, also etwa „Nefert, Gemahlin des Nacht“.

Hieroglyphenwörter über Familienmitglieder enthalten als Determinativ immer einen Mann, eine Frau oder ein Kind. So ist ein sitzender Mann Determinativ für das Wort „Ehemann“ *ḥ3y/hay*, eine sitzende Frau für das Wort „Ehefrau“ *ḥmt/hemet*. Auch in den Wörtern „Bruder“ *sn/sen* und „Schwester“ *snt/senet* finden wir männliche und weibliche Determinative. Diese Wörter wurden auch für intime Freunde und Geliebte verwendet (siehe auch Kasten, gegenüber).

Ägyptische Familien waren groß, da die Kindersterblichkeit hoch war und Kinder als Garant für den künftigen Wohlstand der Familie galten. Das Symbol für „Kind“, ein Jugendlicher mit Hand am Mund, ist Determinativ für das Wort „Kind“ *šrj/sherri* und für eine Variante von „Kinder“ *msw/messo*.

Da es im alten Ägypten kein staatliches Pflegesystem gab, waren Menschen ohne Familie oft mittellos. Besonders bedürftig waren unfruchtbare Frauen und kinderlose Witwen, da ansonsten die Kinder und Enkel für die Alten sorgten. Die Lebenserwartung war niedrig: Die Menschen der Unterschicht, die meist früher starben als die Mitglieder der reichen Klassen, galten schon mit 40 Jahren als alt. Bei Grabmalereien und Statuen finden wir kaum Darstellungen von alten Menschen. Das Alter wurde in den Hieroglyphentexten mit einem gebeugten Mann mit Stock ausgedrückt.

FAMILIENMITGLIEDER

VATER *it/eat* Schilfrohr (*i*), Brotlaib (*t*), Schlange (kein Laut) und Mann ergeben „Vater".

MUTTER *mwt/moot* Dieses Wort hat einen weiblichen Determinativ.

SOHN *s3/sar* Gans (*s3*) und ein Strich (kein Laut) heißen *s3/sar*.

TOCHTER *s3t/sat* Determinativ ist eine sitzende Frau, daneben finden wir Gans (*s3*) und Brotlaib (*t*).

GEFÜHLE

DETAIL, MITTE: Ein bemalter Kalksteinsplitter aus Deir el Medina zeigt die Mutterliebe. Eine Frau säugt ihr Kind, während ihr ein Mädchen Kosmetika und einen Spiegel bringt. Dieses Ostrakon (der Fachbegriff für Kalksteinsplitter) stammt aus der 12. Dynastie (1196–1070 v. Chr.).

In der ägyptischen Kunst wurden im Lauf der Epochen kaum Gefühle ausgedrückt. Dafür eigneten sich die Gedichte besser, die in Hieratisch und nicht in Hieroglyphenschrift (siehe Seite 12–13) auf Papyrus geschrieben wurden. Doch konnten alle Gefühlsregungen auch mit Hieroglyphen ausgedrückt werden.

Viele Wörter über Gefühle enthalten Gesten oder Jubel. So ist in dem Wort für „Liebe" *mri/merry* ein Mann mit der Hand am Mund Determinativ. Der ägyptische Begriff für „Freude" oder „Zuneigung" *st-ib/set-ib* hat das Herzzeichen, das bereits damals als universelles Symbol für Liebe galt, als Determinativ. Wörter, die negative Gefühle wie Trauer oder Ärger ausdrücken, haben als Determinativ häufig Figuren, die die entsprechende Geste machen, oder Körperteile, die mit diesen Gefühlen assoziiert wurden. Determinativ in dem Verb „weinen" *rmi/rem-ee* ist ein Auge mit Tränen.

Einige dieser Wörter enthalten Tierbilder, die die alten Ägypter mit bestimmten Verhaltensmustern assoziierten. Der Affe ist Teil des Wortes für „Zorn" *knd/kend*; das Krokodil finden wir in dem Adjektiv „aggressiv" *3d/add*; und den Stier in „zornig sein" *dnd/jend.*

DIE SPRACHE DER GEFÜHLE

VERFÜHREN *i3mt/yar-met* Baum, Eule, Brotlaib, ein versiegeltes Dokument und drei Striche ergeben das Verb „verführen".

GLÜCKLICH SEIN *mrr/mer* Eule, Arm mit Hand, Mund, Baum und ein versiegeltes Dokument sind die Zeichen in dem Verb „glücklich sein". An dem Mund erkennen wir deutlich den menschlichen Ausdruck von Freude und Glück.

JUBEL *ihhy/ee-hay* Schilfrohr, zwei Schutzhütten aus Matten und ein Mann mit erhobenen Armen ergeben das Wort „Jubel". Der Mann mit den erhobenen Armen ist ein Bedeutungszeichen für Wörter, die mit Festen oder Freude verbunden waren.

In der Amarna-Zeit (ca. 1390–1295 v. Chr., siehe Seite 146) schufen die ägpytischen Künstler innovative Werke, die menschliche Gefühle ausdrückten. Porträts der königlichen Familie aus der Amarna-Zeit zeugen von seltenem Naturalismus, wie diese unvollendete Statue von Echnaton beweist, der wahrscheinlich eine seiner Töchter küsst.

Die Trauerszenen der Grabmalereien bieten uns einen seltenen Einblick in die ägyptische Gefühlswelt. Diese Bildnisse zeigen professionelle Trauernde, die sich Schmutz auf die Kleidung werfen und an den Haaren reißen. Einige Wörter, die mit Tod und Trauer zu tun haben, enthalten das Haarsymbol (siehe Seite 33). Die Hieroglyphe für „Trauer" *irtyw/erteoo* besteht aus einem Schilfrohr, einem Auge, einem Geier und einem sitzenden Mann mit der Hand an den Lippen. Der Geier war ein Symbol für Unglück und Tod, hatte aber auch positive Aspekte (siehe Seite 36). Das Auge galt als Symbol für das Leben. Die Ägypter assoziierten geschlossene Augen mit dem Tod.

VERBOTENE LIEBE

Beziehungen mussten von der Familie abgesegnet werden. Dieses Gedicht aus dem Neuen Reich (1539 bis 1075 v. Chr.) erzählt von vereitelter Liebe:

„Die Stimme der Wildgans ertönt,
Sie ist im Köder gefangen;
Die Liebe zu dir durchdringt mich,
ich kann sie nicht lösen.
Ich soll meine Netze raffen,
Doch was soll ich meiner
Mutter erzählen,
Zu wem soll ich gehen,
mit meinem täglich Fang?
Heute habe ich keine Köder gelegt,
ich bin in Liebe zu dir gefangen."

LIEBE UND FAMILIENLEBEN

Der sterbende Osiris schenkt Isis den Samen, durch den sie Horus, den ersten der heiligen Könige Ägyptens (siehe Seite 82), gebiert. Dieses Basaltrelief aus dem 4. Jahrhundert v. Chr. stammt vom Sarkophag des königlichen Schreibers Nes-Schutfere in Saqqara.

Die ägyptische Mythologie, die Papyri, die Plastiken und die Kunst enthalten oft Sex und Erotik. In der Amarna-Zeit, als unter König Amenophis IV. (1353–1336 v. Chr.) eine kulturelle und religiöse Revolution einsetzte (siehe Seite 146), betonten die Künstler die Körperformen und drückten Beziehungen durch Sinnlichkeit aus. Ihre idealisierten Darstellungen zeigen Männer und Frauen in prächtiger Kleidung mit betonten Hüften und ausgeformtem Oberkörper.

Das Haar *šny/sheny* galt bei Männern und Frauen als erotisch, ein Auge mit Lidstrich war Determinativ in dem Wort „schön" *ꜥn/een*. Das Gesicht konnte die Freude ausdrücken, die den Ägyptern ihr Aussehen bereitete, wie die Ähnlichkeit zwischen den Wörtern für „Gesicht" *ḥnt/henet* und „Freude bereiten" *ḥntš/hentesh* zeigt.

Überlieferungen lassen darauf schließen, dass die Ägypter sexuell freizügig waren und unter gewissen Umständen Prostitution, Ehebruch und Homosexualität akzeptierten. Generell erwartete man aber von verheirateten Paaren, dass sie treu waren, und gleichgeschlechtliche Paare wurden missbilligt. Die Liberalität ging selten so weit, dass Sex in der formalen Kunst dargestellt wurde. Tempelszenen von der Empfängnis von Göttern zeigen Gott und Königin auf einem Bett oder Sockel sitzend. Er umarmt sie oder hält ihr das ☥ *ꜥnḫ/annk* (Lebenssymbol) an die Nase. In den Bildnissen über die Auferstehung

HERZENSANGELEGENHEITEN

KÜSSEN *sn/sen* Das Wort verbindet Pfeilkopf, Wasserlinie und Profil eines Gesichts. Das Gesicht ist Bedeutungszeichen für Wörter, die mit Freude assoziiert werden.

ZEUGEN *wtt/oo-t* Ein Wachtelküken (*w*) und zwei Brotlaibe (*tt*) lauten *wtt*. Das Determinativ ist ein Phallus.

SCHWANGER WERDEN *iwr/ewer* Ein Zicklein oder eine Ziege (*i*), Sperling (*wr*) und Mund (*r*) ergeben *iwr*. Determinativ ist eine Frau in gebärender Stellung.

UMARMEN *ink/ink* Schilfrohr, Fisch, Wasser und Hügel ergeben *ink*. Determinativ sind umarmende Arme.

Osiris' ist ein Vogel, der über dem Phallus des Osiris schwebt, Hinweis darauf, dass er Isis mit dem zukünftigen Falkengott Horus schwängerte, der seinen hinterlistigen Onkel Seth besiegte. In Tempelszenen symbolisieren Fruchtbarkeit und Geburt meist Zeichen der Sexualorgane von Tieren oder Menschen: 𓂑 *mnḏ/menj*, die „Brust", 𓈉𓏏 *ḥmt/hemet*, das weibliche Sexualorgan und 𓂸 oder 𓂺 *ḥnn/hen* der „Phallus".

Einige Beispiele erotischer Kunst haben überlebt: Königin Hatschepsut (ca. 1479–1458 v. Chr.) ist in eindeutiger Stellung auf die Felsen über ihrem Tempel in Deir el Bahri gemalt. Auf den Wänden der Tempel des Neuen Reichs (1539 bis 1075 v. Chr.) hält Gott Min seinen Phallus.

BERUFE UND HANDWERK

Viele der Männer der ägyptischen Oberschicht, die lesen und schreiben konnten, waren Schreiber, Priester oder Staatsbeamte. Die Männer der Unterschicht arbeiteten meist als Bauern, Handwerker, Bergarbeiter oder Soldaten. Frauen und Männer waren Dienstboten.

BERGBAU

Die alten Ägypter waren Experten im Abbau von Steinen, Mineralien und Metallen. Für ihre Monumente, Statuen und Grabbauten benötigten sie unterschiedliche Steine. Mit Mineralien, Halbedelsteinen und Edelmetallen verzierten sie Gebäude, Statuen, Reliefs und Schmuck.

Zur Beschaffung dieser Materialien brachen regelmäßig Bergbauexpeditionen mit bis zu 10.000 Bergleuten, Handwerkern, Baumeistern und Arbeitern in die Regionen jenseits des Nils wie die Ostwüste und Nubien (für Gold) oder die Sinai-Halbinsel (für Türkise) auf.

Das Wort für „Bergarbeiter" *ik/ek* besteht aus Schilfrohr, Korb mit Griff und einem gebeugten Mann mit Stock, der meist Determinativ in Wörtern über das Alter ist. In dem Wort für „Steinbruch" oder „Mine" *ẖ3t/hart* war ein Steinquader Determinativ. Die anderen Symbole sind Fisch und Brotlaib. Auch Werkzeuge dienten als Determinativ in Wörtern über den Bergbau. Der Meißel war Determinativ in dem Verb „meißeln" *mnẖ/menek*.

Zu den häufigsten Determinativen in Wörtern für Edelmetall zählen einige Körner, die als Metall- oder Steinklumpen interpretiert werden. Wir finden sie in den Wörtern für „Gold" *nbw/neboo*, „Türkis" *mfk3t/mef-kar-t* und ein Korn in dem Wort für „Kohl", *msdmt/mes-demet*, dem Mineral, das die Ägypter zur Herstellung des schwarzen Augen-Make-ups verwendeten.

Diese Szene aus dem thebanischen Grab der Bildhauer Nebamun und Ipuki aus der 18. Dynastie (ca. 1539–1292 v. Chr.) zeigt Handwerker in einer königlichen Werkstatt. Die mittlere Figur in der unteren Reihe hält eine Schreiberpalette mit roter und schwarzer Tinte. Die Hieroglyphe für „Palette" sehen wir rechts über dem Kopf des Schreibers. Die Figuren im oberen Bereich schnitzen die Djed-Säule aus Holz.

DETAIL, MITTE: Ein anderer Ausschnitt aus der oben beschriebenen Grabmalerei zeigt einen Handwerker, der Gold aus einer Mine in der Ostwüste oder in Nubien abwiegt.

DIENER DER GÖTTER

Einige Priester arbeiteten Vollzeit im Tempel, andere dagegen nur jeden vierten Monat. Die übrige Zeit widmeten sie sich anderen Tätigkeiten. Das Wort für „Priester, der seine Zeit im Tempel dient" *wnwt/wenoot* enthält einen Stern als religiöses Zeichen über einer Sonne, die den Zeitverlauf symbolisiert.

Im Tempel führten die Priester oft rituelle Opfer durch. Die Hieroglyphen für „Opferpriester" *ibḥ/eebah* umfassen das Zeichen für eine Ziege oder ein Kitz, das oft im Tempel geopfert wurde. Die Priester waren auch für die Verwaltung des Tempels und für die Ausbildung der Priesteranwärter zuständig.

Sauberkeit war für den Priester von größter Bedeutung. Die meisten Tempel verfügten über einen heiligen See, in dem der Priester vor dem Gottesdienst die rituelle Reinigung vollziehen musste. Er rasierte sein gesamtes Körperhaar und legte nach dem Bad die feinsten Leinengewänder und neue Sandalen an. Er mied Wolle und Leder, die als unrein galten. Damit seine

PRIESTER UND TEMPELLEBEN

PRIESTER *wꜥb/wab* Zu den Hieroglyphen für „Priester" zählt ein Wassertopf mit fließendem Wasser, der auf die rituelle Reinigung durch Priester schließen lässt.

PRIESTERTUM *wnwt/wenoot* Das Pluralzeichen, die kurzen vertikalen Striche, weisen auf mehrere Priester hin. Das Wort besteht aus Hase, Wasserlinie und Topf. Determinativ ist ein Stern, ein gebräuchliches Zeichen für Wörter, die mit Religion zu tun haben.

oder

VEREHRUNG *i3w/jaw* Determinativ in beiden Varianten des Wortes ist ein Mann mit betend erhobenen Armen.

TEMPEL-SÄNGERIN *šmꜥyt/shemeet* Das Riedgras, das mit dem Süden assoziiert wird, kann auch für ägyptische Musik stehen. Daneben finden wir Schilfgras und einen Brotlaib.

Worte rein waren, wenn er die Götter ansprach, spülte er den Mund mit Wasser und Natron – mit demselben Salz, das bei der Mumifizierung verwendet wurde.

Die Priester hatten viele Aufgaben außerhalb des Tempels. Sie führten Totenkulte durch, waren bei der Einbalsamierung der Toten zugegen, weihten Statuen, Gebäude und Objekte und nahmen an Festen teil, wo sie bei Prozessionen Schreine mit Gottesstatuen trugen. Es existieren sogar Hinweise, die darauf schließen lassen, dass die Priester im Auftrag der Götter Kriege führten, denn sie waren oft mit dem Schützenkorps des Heers verbunden. Die Priester hatten nicht nur religiöse Aufgaben, sie dienten auch als Ärzte, Architekten oder Gerichtsbeamte. Einige

Die Sphinx von Amenemhet III. (ca. 1818–1772 v. Chr.) saß im Tempel der Katzengöttin Bastet. Sie wurde von Ramses II. (ca. 1279–1213 v. Chr.) neu beschriftet.

1 Biene und 2 Riedgras (zusammen „nesoo beet") ergeben „König von Ober- und Unterägypten", das übliche Epitheton für die ägyptischen Könige.

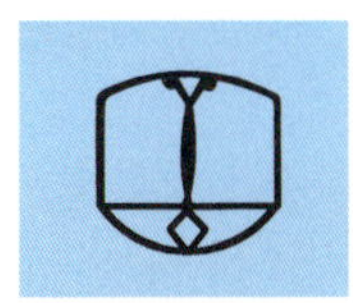

3 Dieses Zeichen erinnert an ein Quadrat über einer ovalen Schüssel (ḥb/heb). Es bedeutet religiöses Fest oder Feier.

Der König war ein Mittler zwischen den Menschen und den Göttern. Er war der oberste Priester des Landes (siehe Seite 60). Dieses Relief zeigt Nektanebo I. (381–362 v. Chr.), der Toth (in Pavianform) eine Statue der Göttin Maat darbietet.

Priester erwarben sich einen guten Ruf. Chaemwese, der vierte Sohn von Ramses II. (ca. 1279–1213 v. Chr.), war ein berühmter Archäologe, der die Monumente des Alten Reichs (2625–2130 v. Chr.), die sogar zu seiner Zeit alt waren, restaurierte. Die Priester predigten nicht Moral. Ihre Aufgabe war, die Götter durch Opfergaben günstig zu stimmen.

Oft wurde das Priesteramt vererbt. Ab der 19. Dynastie (1292–1190 v. Chr.) ging sogar die wichtige Position des Hohepriesters des Amun, der die Gottesdienste für den König abhielt, vom Vater auf den Sohn über. Das Verhältnis zwischen Priester und König war oft schwierig, und häufig kämpften religiöse und politische Gruppierungen um die Macht. Gegen Ende der 20. Dynastie (ca. 1075 v. Chr.) regierten die Priester des Amun Re Oberägypten.

Priesterin mag ein Ehrentitel gewesen sein, denn die Frauen des Hofes wurden oft „Priesterin der Hathor" genannt. In der Frühzeit der ägyptischen Geschichte scheinen Frauen der Oberschicht aber sehr wohl an Tempelritualen teilgenommen zu haben. Sie wurden als *Hemet netjer* oder mit *Wabet*, der weiblichen Form für Priester, *wꜥb/wab*, bezeichnet.

Im Neuen Reich (1539–1075 v. Chr.) gab es keine Priesterinnen, doch waren die Frauen mit dem Titel *Shemayet* („Musikerin") dem Tempel verbunden. Auf Grabmalereien finden wir Frauen mit einem *Sistrum* – einer Rassel, die Hathor geweiht war. Die Trägerin des Ehrentitels „Gottesgemahlin des Amun" musste den Gott besänftigen, indem sie ihr *Sistrum* schwang und seine Begierde weckte. In der 18. Dynastie (1539–1292 v. Chr.) wurde die Tochter des Hohepriesters des Amun *Duat netjet* („göttliche Verehrerin") genannt.

DIENER DES STAATES

Der wichtigste Beamte im alten Ägypten war der Wesir, der die Verwaltung des Landes überwachte, für Bauprogramme verantwortlich war und als oberster Architekt diente. Zwar wurde meist nur ein Wesir ernannt, doch gab es manchmal zwei Stellen für die getrennte Regierung von Ober- und Unterägypten. Für gewöhnlich galt der Wesir als weiser Mann. Lehrtexte nehmen oft für sich in Anspruch, die Moral aufzuzeichnen, die der Wesir seinen Sohn lehrte. Das Wort für „Wesir" *ṯ3ty/charty* enthält Nestling (*ṯ3*), Brotlaib (*t*) und einen Strich. Determinativ ist ein sitzender Mann, was darauf schließen lässt, dass dieser Posten von einem Mann bekleidet wurde.

Die Bezirksvorsteher, die in ganz Ägypten Städte oder Dörfer regierten, waren dem Wesir unterstellt. Das Wort für „Vorsteher" *ḥ3ty-ʿ/harty-ah* enthält Kopf und Vorderteil eines Löwen und darunter einen gestreckten Arm mit Hand. Das weist auf einen Mann hin, der im Machtgefüge ganz oben steht.

Ein ausgedehnter Beamtenapparat überwachte Staatsschätze, Getreidespeicher und Gerichte. Im ganzen Land war ein Netz von „Kenbet-Räten" für Besitz und Übertragung von Land verantwortlich. Sie entschieden bei Uneinigkeiten und schlichteten Streitigkeiten in den Gemeinden. Die Räte wurden von den Vorstehern geleitet, die die Macht hatten,

BEAMTE

BEAMTER *sr/seer* Das Wort verbindet gefaltetes Tuch (*s*) und Mund (*r*); Determinativ ist ein Mann mit einem Stab. Der Stab wurde in Ägypten generell mit den Älteren oder weisen Männern assoziiert.

HÖFLING *smr/ smear* In diesem Wort finden wir einen Meißel, eine Eule, einen Mund und eine sitzende Figur.

RICHTER *ḏ3ḏ3t/jarjart* Das Wort klingt wie schwatzende Stimmen. Es enthält zwei Feuerbohrer, einen Bewässerungskanal, einen Topf und einen Brotlaib. Eine weitere Übersetzung lautet „Steuereinschätzer".

HERR *nb/neb* Der Weidenkorb wird *nb* ausgesprochen. Steht er auf dem Kopf eines sitzenden Mannes, so bedeutet dies eine Person, die Land besitzt.

In der 5. Dynastie (2500–2350 v. Chr.) brachte es ein Beamter namens Ty zu großem Wohlstand und hohem Status. Er war für die Errichtung von zwei Pyramiden und mehreren Sonnentempeln verantwortlich. Im Tod wurde er in einem schönen Mastaba-Grab in Nordsaqqara verehrt. Diese Statue stand im Serdab, einer Grabkammer, in der die Priester von Tys Totenkult dem Ka des Toten Speise- und Weihrauchopfer darbrachten.

Kriminelle zu richten. Wesire und ihre Vertreter besuchten häufig die Städte, um die Tätigkeiten dieser Provinzbeamten zu überprüfen und zu protokollieren.

Die Mitglieder des Königshauses bekleideten die höchsten Beamtenposten oder machten als Soldaten oder Priester Karriere. Der Wesir selbst war oft mit der Königsfamilie verwandt. Im Neuen Reich (1539–1075 v. Chr.) wurden Gouverneure ins Ausland entsandt, um strategisch wichtige Gebiete zu kontrollieren. Sie sicherten die Abhängigkeit der Vasallenstaaten durch jährliche Tribute oder Steuern. Wenn die ausländischen „Untertanen" sich auflehnten, schlug das ägyptische Heer den so genannten „Aufstand" in dem feindlichen Staat nieder.

Der König verlieh den Männern und Frauen der Oberschicht als Dank für ihre Dienste Geschenke und Titel. Das Wort „Adeliger" *špsi/shepsoo* enthält einen sitzenden Mann, der einen Wedel als Zeichen für seine Autorität und ein gefaltetes Tuch als Symbol für den Wohlstand hält. Determinativ ist eine Papyrusrolle. Soldaten wurden mit Waffen, Sklaven und Gold belohnt. Auf den Bildnissen in Tempeln und Gräbern sind diese Zeremonien abgebildet. Der König und die Mitglieder der Königsfamilie warfen dabei kleinere Geschenke vom Balkon ihres Palastes. Im darunter liegenden Hof führten die Fächerträger und Beamten die Empfänger der Geschenke an ihre Plätze.

ARBEITSLEBEN

Die meisten Ägypter der unteren sozialen Schichten waren Bauern. Andere arbeiteten als Maurer, Bergarbeiter und Steinmetze. Oft weisen die Hieroglyphen auf den Beruf einer Person hin. Dafür gab es Symbole von Menschen an deutlich erkennbaren Orten oder bei bestimmten Tätigkeiten. Das Wort für „Bauer"  *sḫty/sharty* enthält eine Schilfrohrstaude, einen Brotlaib, zwei Striche und einen Mann, der auf dem Boden kniet.

Holzmodelle aus den Gräbern des Mittleren Reichs (2040–1640 v. Chr.) zeigen Menschen, die spinnen, färben, backen, brauen und Fleisch zubereiten. Szenen aus dem Grab von Rechmire, dem thebanischen Gouverneur unter König Tuthmosis III. (1479–1425 v. Chr.), zeigen Goldschmiede, Gerber, Juweliere und Bildhauer bei der Arbeit.

Viele Arbeiter waren in den Häusern der Reichen beschäftigt. Die Frauen kochten, buken Brot und putzten das Haus. Männer und Frauen arbeiteten als Perückenmacher und Friseure, Frauen waren Kosmetikerinnen für die Damen der Oberschicht. Wohlhabende Frauen beschäftigten eine Amme. Das Wort für

DIENER, SKLAVEN UND ARBEITER

ARMER MANN *nḏs/nedjes* Das Wort umfasst eine Wasserlinie (*n*), eine ruhende Kobra (*ḏ*) und ein gefaltetes Tuch (*s*) sowie einen Vogel als böses Omen und einen knienden Mann aus der Unterschicht.

DIENER *hry-pr/hary pear* Das Wort *hr* bedeutet oft „einer, der in … ist". *pr* wird als „Haus" übersetzt.

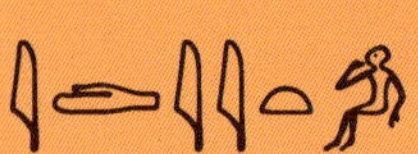

DIENSTMÄDCHEN *idit/eedeet* Das Wort enthält ein Schilfblatt, eine Hand und einen Brotlaib (*t*), dazu ein Kind, das einen Finger an den Mund hält.

DIENSTBOTE *b3k/back* Der Jabiru (ein Vogel [*b3*], der mit dem *Ba* assoziiert wird; siehe Seite 98) steht neben einem Schilfkorb mit Griff (*k*). Determinativ ist ein Mann aus der Unterschicht.

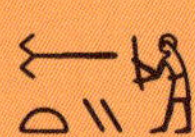

BÄCKER *rtḥty/ret-harty* Der gegabelte Stab wurde wahrscheinlich zum Backen von Brot verwendet. Daneben finden wir einen Brotlaib, zwei Striche und einen Mann, der mit einem Stock schlägt.

BÜRGER *rḫyt/recheet* Das Wort *rḫ* bedeutet „wissen". Es ist mit einem Kiebitz, einem der verbreitetsten Vögel im alten Ägypten, verbunden.

In dieser Wandmalerei aus dem Grab des Priesters und Schreibers Nacht aus dem 15. Jahrhundert v. Chr., das in Westtheben gefunden wurde, bietet ein Dienstmädchen bei einem Bankett den Gästen Parfum an.

„Amme" *mnʿt/men-art* enthält eine weibliche Brust. Determinativ ist eine Frau beim Stillen.

Das Wort für „Wäscher" *rḫty/rakhty* enthält das Symbol eines Mannes von niedrigem Rang. Bei den Ägyptern wuschen nur Männer die Kleidung. Die Hieroglyphe für „Dienstbote" *wdpw/wedpoo* umfasst einen Bierkrug, ein Wachtelküken und einen knienden Mann.

Diener und Sklaven gehörten verschiedenen Klassen an. Die Sklaven kamen aus vielen Bereichen: Manchmal mussten Menschen der Unterschicht Familienmitglieder als Sklaven verkaufen, Verbrecher und Ausländer wurden ebenfalls als Sklaven rekrutiert. Ausländische Sklaven, die bei Feldzügen gefangen genommen worden waren, wurden dem König in Fesseln präsentiert und oft den Soldaten als Lohn für ihre Tapferkeit überreicht. Ein Sklavenhalter durfte seine Sklaven vermieten oder verkaufen. Diener konnten dagegen unter mehreren Arbeitgebern wählen. Auch Sklaven durften heiraten und Geschäfte machen.

SOLDATEN

Zeugnisse der militärischen Organisation im alten Ägypten sind nur aus dem Neuen Reich (1539–1075 v. Chr) erhalten. Das Heer bestand aus Einheiten von 200 Fußsoldaten (die in 20 Gruppen zu zehn Mann aufgeteilt waren). Die Kompanien waren in Divisionen von etwa 5.000 Mann unterteilt, die unter der Standarte des Ortsgottes kämpften. Die Streitwagentruppe war die Eliteeinheit. Offiziere wurden unter den gebildeten jungen Männern der Oberschicht rekrutiert und für Führungsaufgaben ausgebildet. Viele ägyptische Wörter für militärische Führer enthalten Symbole, die den Rang bezeichnen. So enthält die Hieroglyphe für „Einheitenkommandant" *ṯsw/chesoo* einen Gürtel oder Knoten *ṯst/chest*, den der Kommandant als Zeichen seines Ranges trug.

Viele Truppen bestanden aus Berufssoldaten, doch gibt es auch Hinweise auf Zeitsoldaten. Die gefürchtetste Einheit waren die Bogenschützen, die mit durchschlagskräftigen, zusammengesetzten Bogen mit großer Reichweite (siehe Seite 80–81) ausgestattet waren. Das Zeichen für „Bogenschütze" *mšꜥ/mesha* zeigt eine kniende Figur in der Haltung, die Bogenschützen in der Schlacht einnahmen. Dieses Symbol ist auch Determinativ für „Soldaten" *mnfyt/menfet*.

Die Soldaten wurden auch im Schwertkampf und im Nahkampf gedrillt. Die

KRIEGERISCHE WÖRTER

KÄMPFEN *ꜥḥ3/a-har-ah* Zwei Arme mit Schild und Streitaxt, ein Geier und ein Mann mit Stock ergeben das Verb „kämpfen".

ZERSTÖREN *ḥḏi/hed-ji* Eine Keule mit einer Kobra und überkreuzten Stöcken wird *ḥḏi* ausgesprochen. Das Determinativ ist ein Sperling, dessen Schwanzfedern nach unten weisen.

FEIND *ḫfty/hefty* Plazenta, gehörnte Schlange, Brotlaib und Pluralstriche bilden das Wort „Feind". Determinativ ist ein fallender Mann.

SOLDAT *wꜥw/oo-ah-oo* Wachtelküken mit einem Arm, noch ein Wachtelküken und ein Arm mit Stock lauten *wꜥw*. Das Armsymbol finden wir auch in dem Wort für „stark".

Waffen kamen aus den staatlichen Waffenfabriken. Auf den langen Märschen wurden Waffen und Versorgungsgüter auf Wagen mit Rädern transportiert.

Eine weitere wichtige Nahrungsquelle waren das Getreide und die Speisen, die die Soldaten in den eroberten Gebieten plünderten. Deshalb führten die Ägypter gerne zur Erntezeit Eroberungszüge durch, wenn große Landarmeen auf diese Weise versorgt werden konnten. Die Regierung gab hölzerne Lebensmittelkarten aus und versorgte die Truppen mit warmen Decken und Leinenstoffen, die die Soldaten als Rüstung um den Körper wickelten. Ein Text aus dem Neuen Reich berichtet uns aber, dass die Versorgung unzureichend war: „Lasst mir euch von den Mühen eines Soldatenlebens erzählen … Er ist hungrig, sein Bauch schmerzt … Er darf nicht ruhen, noch hat er Kleider oder Sandalen … Wasser trinkt er nur jeden dritten Tag."

Dieses Kalksteinrelief aus der Zeit von Amenophis IV. (ca. 1353–1336 v. Chr.) zeigt marschierende Soldaten. Der Soldat links trägt Speer, Axt und Schild, die typischen Waffen der Infanterie des Neuen Reichs; sein Kamerad hält ein Lasso.

WAFFEN UND KRIEG

Dieses Modell einer Truppe von 40 Soldaten mit Schilden und Speeren fand man im Grab von Meseheti bei Asyut. Gräber aus dem Mittleren Reich (ca. 1908–1630 v. Chr.) sind reich mit militärischen Texten und Soldatenbildern geschmückt.

Die unwirtliche Landschaft Ägyptens und die Wüsten in den Grenzregionen boten natürlichen Schutz vor Angreifern. Allerdings misstrauten die Ägypter den Fremden und bauten daher ab der vordynastischen Zeit eine beeindruckende Armee auf. Ab der 18. Dynastie (1539–1292 v. Chr.) dominierte das ägyptische Heer die gesamte Region.

DIE ÄGYPTISCHE STREITMACHT

Im Alten Reich (2625–2130 v. Chr.) wurden die organisierten Kampftrupps von Bogenschützen unterstützt. Sneferu (ca. 2625–2585 v. Chr.) war einer der ersten Feldherren. In einer Expedition nach Nubien nahm er 7.000 Gefangene und raubte 200.000 Rinder.

Im Ersten Zwischenreich (2130–1890 v. Chr.) versuchten die lokalen Herrscher, Kontrolle über die Zentralregierung zu erlangen. In dieser gewalttätigen Zeit gehörte der Krieg einfach zum Leben. Mentuhotep II. (ca. 2081–2075 v. Chr.), der Gründer der 11. Dynastie, machte sich zum König eines vereinten Ägypten. Er führte Feldzüge gegen Libyen und auf die Sinai-Halbinsel durch, während sein Sohn Festungen entlang des Nildeltas errichtete, um Ägypten gegen die Völker Asiens zu schützen. Im Mittleren Reich (1980–1630 v. Chr.) wurden in ganz Nubien Festungen errichtet. In der Zweiten Zwischenzeit (1630–1539 v. Chr.) brachten die Hyksos Pferde und Streitwagen in den Krieg ein und führten neue Metallverarbeitungsmethoden ein, um Schwerter und Dolche zu verbessern. Ahmose (ca. 1539–1514 v. Chr.) richtete die Waffen der Invasoren gegen die Hyksos und vertrieb diese um 1535 v. Chr. aus Ägypten. Der Streitwagen *wrrt/warret* wurde zu einem wichtigen Bestandteil der ägyptischen Armee. Viele Nachfolger von Ahmose wie Tuthmosis II. (ca. 1479 bis 1425 v. Chr.) hinterließen detaillierte Schlachtpläne aus ihrer Zeit (siehe S. 124).

MILITÄRISCHE AUFZEICHNUNGEN

Ramses II. (ca. 1279 bis 1213 v. Chr.) bereitet sich auf dieser Stele auf die Exekution der Gefangenen vor. Zwei Details aus dem Hintergrund sind nachfolgend beschrieben.

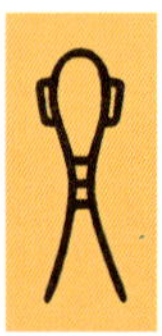

Die Seilschlinge war ein Symbol für Schutz. Die militärische Stärke von Ramses II. schützte Ägypten vor fremden Eindringlingen.

Dieses Symbol der Papyrusstaude wurde mit dem Nildelta assoziiert. In Mittelägypten wurde es oft durch ersetzt, etwa in t3-mḥw/taa-mahoo, „das Delta".

Viele altägyptische Dokumente, Briefe und militärische Texte sind bis heute erhalten und gewähren uns Einblick in die Feldzüge und Auslandsbeziehungen der Ägypter. Im Neuen Reich (1539–1075 v. Chr.) lobten die Herrscher auf Bildern und Inschriften in Tempeln die Militärmacht Ägyptens. Die Annalen von Tuthmosis III. (ca. 1479–1425 v. Chr.), Textinschriften an den Wänden des Heiligtums des Amun in Karnak, beschreiben 17 Feldzüge und taktische Strategien des ägyptischen Heers. Eine Inschrift nennt Tuthmosis, den Anführer der Armee, „wie Horus, den Schläger, Herrn der Macht" und beschreibt, dass „Amun seine Arme stärkte", als er bei Meggido über die Völker Asiens triumphierte.

Auch von dem Feldzug Ramses' II. gegen die Hethiter im Sommer 1274 v. Chr. sind Tempelinschriften erhalten. Ramses versammelte seine Truppen in seiner offiziellen Residenz in Pi-Ramesse *t3-mḥw/taa-mahoo*, im Delta, und führte seine Armee über Land durch Kanaan nach Süden *rṯnw/reten-oo*, Richtung Syrien. Die unterstützenden Truppen wurden an die phönizische Küste entsandt, wo sie querfeldein nach Kadesch in Syrien zum König vorstoßen sollten. Die Armee war in vier Divisionen unterteilt, die nach den Göttern Amun, Re, Ptah und Seth bezeichnet waren. Einige Kilometer vor Kadesch traf Ramses auf die Erste Division des Amun und stellte sie an die Spitze seiner Armee. Der Stamm der Schosu, Freunde der Ägypter, eilte ihm zu Hilfe.

Die Männer berichteten ihm, dass der Feind, die Hethiter, sich 190 km nördlich im Land von Aleppo versteckten. Ramses war von dieser Nachricht begeistert und errichtete ein Lager nahe der Stadt, die er erobern wollte. Als er aber seine Zelte aufbaute, trafen seine Späher auf zwei hethitische Spione, die gestanden, falsche Informationen über den Verbleib der hethitischen Armee gegeben zu haben. Die Hethiter *ḫt/hati* mobilisierten ihre Truppen tatsächlich in drei Kilometer Entfernung.

Nun traf die Division des Re ein, doch die anderen Einheiten von Ramses' Heer waren noch weit entfernt. Als der ägyptische König mit seinen militärischen Führern einen Notplan erstellte, drangen die hethitischen Streitwagen in die unvorbereitete Division des Re ein. Die Einheit geriet in Panik, doch „strahlte" Ramses „wie Montu" (der Kriegsgott), als er sein Wappenschild nahm und in den Streitwagen sprang. Er drang alleine in die gegnerischen Reihen vor und drängte die Feinde zurück.

ÄGYPTEN UND SEINE NACHBARN

Der Nil ist der längste Fluss der Erde. Nur im letzten Drittel seines 6.500 km langen Weges vom ostafrikanischen Hochland zum Mittelmeer fließt er durch Ägypten. Dieses Relief zeigt die Vereinigung von Ober- und Unterägypten. Es befindet sich am Sockel einer der Statuen von Ramses II. (ca. 1279–1213 v. Chr.) in Abu Simbel. Die beiden Figuren stellen Hapi, den Gott der Nilschwemme, dar. Die obere Kartusche enthält Ramses' Pränomen, die untere seinen Nomen (siehe Seite 85). Auf der rechten Seite der unteren Kartusche finden wir „Liebling des Re", also „Ramses". Die linke Seite lautet „Liebling des Amun".

Ägypten ist „das Geschenk des Nils" schrieb der griechische Historiker Herodot im 5. Jahrhundert v. Chr. Ohne den Fluss wäre Ägypten eine Wüste. Der Schlamm aus der jährlichen Nilschwemme ermöglichte den Landbau, doch war ungewiss, in welchem Ausmaß. Während eine niedrige Flut Hungersnöte verursachte, zerstörten hohe Überschwemmungen Felder und Dörfer. Der unkontrollierbare Nil dominierte die Vorstellung der Ägypter von ihrem Land und der Welt. Er war vielleicht Grund für ihr Streben nach Ordnung.

DAS SCHWARZE LAND

Der schwarze Schlamm, den der Fluss hinterließ, gab Ägypten seinen alten Namen – *kmt/ kemet*, „das Schwarze Land". Der Nil, der den ägyptischen Boden fruchtbar macht, besteht tatsächlich aus zwei Flüssen: dem Blauen Nil, der im Tana-See in Äthiopien entspringt und während der Regenzeit im Sommer mit Schlamm gefüllt ist, und der Weiße Nil, der im Victoria-See entspringt und sich in Khartum, der Hauptstadt des heutigen Sudan, mit dem Blauen Nil vereint.

In Ägypten besteht der Fluss aus zwei Teilen (siehe Karte gegenüber): dem langen, gewundenen Tal und dem Delta (das die Griechen so nannten, weil es sie an ihren vierten Buchstaben, das Δ, erinnerte). Im Delta verästelt sich der Fluss in viele kleine Arme, bevor er ins Meer mündet. Ein Seitenarm fließt in die Region Faijum, die den altägyptischen Königen als Jagdrevier und Grabstätte diente. Die Wüste, die an das Niltal grenzte, war den Ägyptern nicht geheuer. Sie nannten sie „Rotes Land", *dšrt/deshret*.

Der Nil war der effizienteste Transportweg Ägyptens. Schiffe, die nach Norden fuhren, trieben auf der Strömung dahin, während südlich fahrende Boote die Segel hissten und sich den Nordwind, der fast immer wehte, zunutze machten. Deshalb hatte auch das Wort für „nach Norden fahren", *ḫdi/heddi*, ein Boot ohne Segel als Determinativ, „nach Süden fahren", *ḫnti/hek-en-ty*, enthielt ein Boot mit Segeln.

„Stark in der Wahrheit ist Re, der Auserwählte des Re"

„Ramses, Liebling des Amun"
(Der Schreiber hat die Phrase mit zwei gefalteten Tüchern geschrieben, korrekt sollte sie aber wie auf Seite 85 lauten.)

DIE 42 NOMOI

König Mykerinos (ca. 2532–2510 v. Chr.) steht zwischen der Göttin Hathor und einer Figur, die den 17. Nomos von Oberägypten darstellt. Der Text beim Fuß des Königs lautet: „Herrscher von Ober- und Unterägypten, Mykerinos, ewiger Liebling"; der Satz zu Hathors Füßen preist die Göttin.

Das alte Ägypten war in 42 Nomoi oder Gaue unterteilt. Sie entstanden aus Dorfgemeinschaften, die von unabhängigen Herrschern, den Nomarchen, regiert wurden. Allmählich verschmolzen die Dörfer zu großen Bezirken, die eine kulturelle und religiöse Identität entwickelten. Das Wort für „Nomos" *sp3t/spat* enthielt ein gefaltetes Tuch, einen Stuhl, einen Brotlaib und Bewässerungskanäle.

Auf die Standarten, die als Bezirksflaggen dienten, wurden Totemembleme geheftet, die häufig landwirtschaftliche Symbole enthielten. Auf Kunstobjekten finden wir dagegen kirchliche Symbole. Töpfe aus der frühen frühdynastischen Zeit (4. Jahrtausend v. Chr.) enthalten Boote und Bilder von Göttern und Schreinen, die sich häufig auf Hathor und ihre Rolle als Viehgöttin bezogen. Während der Zeit des Wirtschaftswachstums und des kulturellen Austauschs zwischen den Regionen erlangten die Götter mancher Nomoi größere Popularität. Mit der Verschmelzung der Gaue verbreiteten sich auch die Mythen, die Götterstatuen und andere Symbole.

Im Alten Reich (2625–2130 v. Chr.) begannen die Ägypter, die Namen ihrer Gouverneure aufzuschreiben. Während der 5. und 6. Dynastie (2500–2350 v. Chr. und 2350–2170 v. Chr.) wurde jeder Verwaltungsbezirk von einem Mann, dem „Vorsteher des Nomos" geleitet.

Manche dieser Herrscher waren ausgebildete Priester. Sie häuften Reichtum und Macht an und stiegen im Lauf der Zeit immer höher in der Verwaltungshierarchie. Schließlich besaßen die Nomarchen so viel Macht wie der König. Das führte zu Konflikten, die in den Jahren der Ersten Zwischenzeit (2130–1980 v. Chr.) in einem Bürgerkrieg gipfelten. Die Titel und Symbole, die mit der Vereinigung von Ober- und Unterägypten assoziiert werden, waren erstaunlich beständig. Der Königstitel *nsw-bit/nsw-bity* „König von Ober- und Unterägypten" wurde mehr als 2.000 Jahre lang ab der Vereinigung des Landes bis über die 19. Dynastie (1292–1190 v. Chr.) hinaus verwendet. Das Hieroglyphenwort verbindet die Zeichen für Riedgras, das Emblem für Oberägypten, und die Biene, das Symbol für Unterägypten.

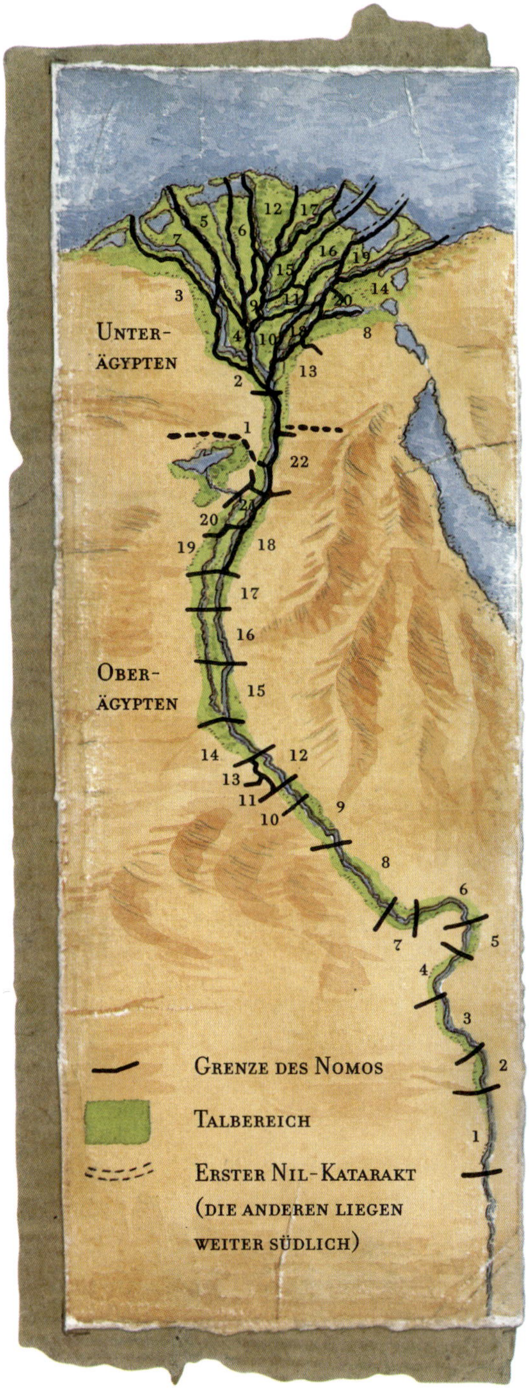

DIE NOMOI: AUSGEWÄHLTE SYMBOLE

Mit jedem der 42 Nomoi war ein Symbol vebunden. Statuen zeigen die Vertreter der Nomoi mit dem entsprechenden Symbol auf dem Kopf. Die Statue gegenüber trägt zum Beispiel das Symbol des 17. Nomos von Oberägypten. Nachfolgend finden Sie eine Auswahl von Symbolen aus der griechisch-römischen Zeit (332 v. Chr.–395 n. Chr.). Die Zahlen entsprechen den Ziffern auf der Karte (links).

Oberägypten

Nomos 1 Flaches Land mit Sandkörnern über einem unbekannten Zeichen.
Nomos 4 Ein Zepter mit Band und Feder.
Nomos 5 Zwei Falken, das Symbol für den Gott Horus.
Nomos 7 Das Sistrum, eine Rassel, die der Göttin Hathor heilig war und von den Priesterinnen des Tempel gespielt wurde.
Nomos 8 Eine Perücke auf einem Stab.
Nomos 12 Das Bild eines Berges und eine gehörnte Viper.
Nomos 13 Eine Sykomore, eine Viper und das Bild von drei Wasserkrügen im Gestell.
Nomos 15 Ein Wüstenhase.
Nomos 19 Ein Bein mit Fuß umgeben von zwei Zeptern mit dem Bild eines Tieres.
Nomos 22 Ein Wetzstein.

Unterägypten

Nomos 1 Eine Wand mit einer Keule.
Nomos 2 Das Vorderbein eines Ochsen.
Nomos 3 Ein Falke und eine Feder auf einer Art Standarte, auf der religiöse Symbole getragen wurden.
Nomos 15 Der heilige Ibis.
Nomos 17 Der Stoßzahn eines Elefanten, eine Hand, ein Brotlaib und eine Stadt als Determinativ.

KULTSTÄTTEN

Unter dem Schutz seiner Schwester und Gemahlin Isis ergreift Osiris Haken und Wedel des Königs. Er trägt die Federkrone Atef (mit der er meist dargestellt wird) auf diesem Detail aus dem Jahr 1290 v. Chr. aus dem Totenbuch des Schreibers Ani. Vor ihm stehen die vier Söhne des Horus auf einer Lotosblume. Osiris wurde als Gott der Wiedergeburt und der Toten in der Grabstätte von Abydos verehrt.

DETAIL, MITTE: Isis hält das Anch, das Zeichen des Lebens.

Die Ägypter errichteten entlang des Nils monumentale Tempel, die sie örtlichen und nationalen Gottheiten weihten. Innerhalb der Tempelmauern waren Priester damit beschäftigt, die Götter mit Opfergaben zu befrieden und am Leben zu erhalten, um Ägypten Wohlstand zu sichern. Meist entstanden um diese wichtigen Kultstätten blühende Städte, die den Tempeln politische und religiöse Bedeutung schenkten.

Die Hauptstadt des 13. unterägyptischen Nomos (siehe Seite 128) war Heliopolis (heute ein nördlicher Vorort von Kairo). Sie zählte zu den wichtigsten und einflussreichsten religiösen Stätten. Ursprünglich wurde sie mit dem Sonnengott Re, Re-Atum oder Re-Harachte assoziiert (der Name Heliopolis leitet sich vom griechischen Wort *helios*, „Sonne" ab). Der altägyptische Name lautete „Junu" *ʿIwnw/oo-noo*. An diesem Ort entstand der Schöpfungsmythos von Heliopolis mit den Urgöttern Atum und Re (siehe Seite 145).

Südlich von Heliopolis lag Memphis, die Hauptstadt des alten Ägypten. Der Name Memphis leitet sich nach der nahe gelegenen Nekropole von Pepi I. (ca. 2338–2298 v. Chr.) in Saqqara von den altgriechischen Wörtern „eingesessen und schön" ab. Das Hieroglyphenwort lautete *mn-nfr/men-nefer* und enthielt die Zeichen für Spielbrett, Wasserlinie, Lunge mit Speiseröhre, gehörnte Schlange, Mund und Pyramide. Determinativ war das Symbol für Stadt. Der Hauptgott von Memphis war Ptah, dessen heiliger Bezirk die Stadt in den Jahren des Neuen Reichs (1539–1075 v. Chr.) dominierte. Die Schöpfungsmythen aus Memphis erzählen, dass Ptah die Welt erschuf.

Hinter Memphis lag in Oberägypten Abydos, die wichtigste Grabstätte der frühdynastischen Zeit. Der Name Abydos geht auf das altägyptische Wort „Abedju" und den koptischen Begriff „Ebot" zurück. In Hieroglyphen wurde Abydos *3bḏw/ab-dew* geschrieben. In dem Wort finden wir ein Zeichen, das oft als Meißel bezeichnet wird, ein Bein mit Fuß, einen Berg und die Stadt als Determinativ. Der örtliche Gott, dessen Tempel in dieser Provinz lag, war ein früher Friedhofsgott, der schakalköpfige Chentiamentiu. Gegen Ende des Neuen Reichs (2625–2130 v. Chr.) stieg Abydos, das mit dem Tod und der Auferstehung des Osiris assoziiert wurde, zur wichtigsten Kultstätte für diesen Gott auf. Das

Gebiet war vor allem den Königen des Neuen Reichs wichtig, die sich mit Osiris identifizieren ließen. Die Herrscher des Neuen Reichs, Sethos I. (ca. 1290–1279 v. Chr.) und Ramses II. (ca. 1279–1213 v. Chr.), ließen Tempel in Abydos errichten. Ab der Zeit der 12. Dynastie (1938 bis 1759 v. Chr.) führten die Priester wahrscheinlich im letzten Monat der Überschwemmungszeit Mysterienspiele des Osiris in Abydos auf.

Während der 18. Dynastie (1539–1292 v. Chr.) hatte der Königshof seinen Sitz in Theben in Oberägypten. Hier entwickelte sich ein wichtiges religiöses Zentrum. Theben, *w3st/ooast* in Hieroglyphen, ist wahrscheinlich die bekannteste Kultstätte, da in der Nähe der wunderbaren Tempel die Gräber der Könige des Neuen Reichs und die Grabstätten vieler ihrer Priester und Beamten gefunden wurden. Diese Gräber gaben großen Aufschluss über die Rituale und Feste, an denen diese Menschen teilnahmen. Theben war die Heimat des ägyptischen Nationalgottes Amun, der während des Neuen Reichs als Göttervater verehrt wurde. Die Stadt wurde mit dem Kult des göttlichen Königs, des königlichen Sohns des Amun assoziiert. Der riesige Amun-Tempel in Karnak lag im Herzen von Theben und war mit dem kleineren Tempel von Luxor,

Die zentrale Säulenhalle und die Obelisken sind in den Ruinen des riesigen Tempels von Karnak am thebanischen Ostufer des Nils gut zu erkennen. Der Komplex war dem Gott Amun geweiht und wurde von mehreren Pharaonen errichtet.

etwa 3 km südlich gelegen, durch einen Prozessionsweg verbunden. An wichtigen Festtagen, wie dem Opet-Fest, das wahrscheinlich im zweiten Monat der Überschwemmung gefeiert wurde, brachte ein Bootsschrein die Kultstatue des Amun von Karnak zum Tempel nach Luxor, wo der Pharao an einem Ritual teilnahm, das ihn stärken sollte. Die Ägypter betrachteten das *Ka* des Königs als göttliche Essenz, die er mit seinen königlichen Vorfahren teilte. Im Ritual von Luxor wurde der König mit seinem *Ka* vereint und seine Macht erneuert. In Theben sind die Herrscher des Neuen Reichs in den Grabstätten im Tal der Könige bestattet. Die Gräber ihrer Gefährtinnen finden wir im benachbarten Tal der Königinnen. Die Totentempel lagen am Westufer des Nils.

Hierakonpolis ist der altgriechische Name für eine der wichtigsten Kultstätten Ägyptens. Der Name bedeutet „Stadt des Falken", da der Ort mit dem Falkengott Horus, dessen Kopf mit zwei Federn geschmückt war, assoziiert wurde. Die alten Ägypter bezeichneten Hierakonpolis als Nechen, heute heißt der Ort Kom el-Ahmar, „der rote Hügel". Hier, am Rand der Wüste, fanden Archäologen bedeutende Überreste von vordynastischen Siedlungen und Friedhöfen. Ägyptologen fanden Hinweise, die es den Wissenschaftlern ermöglichten, die Architektur der primitiven Tempel zu rekonstruieren. Die Tempel umfassten mehrere Räume und einen heiligen Schrein. Vier große Holzsäulen stützten die Fassade. Diese Tempel gelten als Vorläufer der Tempel des Neuen Reichs.

HEILIGE RICHTUNGEN UND ORTE

WESTEN *imnt/yo-ment* Das Wort verbindet einen Brotlaib und zwei Striche mit dem Zeichen für Westen, das von einer Feder gekrönt wird. Der Sonnenuntergang im Westen verweist auf den Abstieg des Sonnengottes in die Unterwelt. Die alten Ägypter begruben ihre Herrscher auf dem Westufer des Nils, im Tal der Könige von Theben.

KARNAK *ꜥIpt-swt/ ipet-sut* In diesem Wort finden wir ein Schilfrohr, einen Stuhl, zwei Brotlaibe, drei Throne und eine Stadt als Determinativ. Der Tempel war „der auserwählteste Ort".

OSTEN *i3bt/e-ah-bet* Das Zeichen für Osten, ein Bein mit Fuß, ein Brotlaib und zwei Striche, wird *i3bt* ausgesprochen.

HEILIG *wꜥb/wab* Das Wort verbindet einen Wasserkrug mit herausströmendem Wasser auf Beinen und drei Wasserlinien.

DENDERA *ꜥIwnt/ah-on-t* Das Wort für diese Kultstätte bestand aus einem Pfeiler, einer Wasserlinie, einem Brotlaib und einer Stadt als Determinativ. In Dendera in Oberägypten stand ein Tempel, der der Göttin Hathor geweiht war.

FREMDE VÖLKER

Ein Relief auf einer der Riesenstatuen von Ramses II. (ca. 1279 bis 1213 v. Chr.) in Abu Simbel zeigt Gefangene aus Asien, die vor dem Pharao um Gnade flehen. Die Kartusche enthält das Pränomen (siehe Seite 85 und 127) von Ramses. Von links nach rechts gelesen lautet die Inschrift: „... Ägypten, seine Soldaten unterwerfen fremde Länder". Die Hände der Gefangenen sind in dem Symbol auf den Rücken gebunden. Dieses Zeichen war Determinativ in Wörtern, die mit Feinden oder Fremden assoziiert wurden, darunter das Wort „Bewohner Asiens" ꜥ3m/amm.

Die Ägypter betrachteten viele fremde Völker als unzivilisiert und minderwertig, als natürliche Feinde des „Schwarzen Landes". Einige Fremde, wie die Völker Asiens, unterhielten jedoch lukrative Handelsbeziehungen mit Ägypten und beeinflussten sogar die ägyptische Kultur. Das Zeichen für „fremdes Land" *ḫ3st/hast* bestand aus einem Hügelland, einem Brotlaib und einem Strich.

Ab dem Ende des 4. Jahrtausends v. Chr. mobilisierten die Ägypter riesige Armeen (siehe Seite 122–123), mit denen sie ihre Auslandsinteressen kontrollierten und ihr Reich vor allem nach Süden hin ausdehnten. Diese Vormachtstellung wird in der Kunst deutlich, wo wir häufig unterworfene Feinde finden. In vielen Abbildungen sieht man Fremde, die vor dem Pharao um Gnade bitten. Die königliche Ikonographie enthält Bildnisse des Königs, der eine Gruppe von Fremden tötet. Er fasst sie am Haar und schwingt eine Streitaxt oder ein Schwert über dem Kopf. Manche Fremde wurden als „neun Bogen" bezeichnet. Sie sind unter den Sandalen der Könige oder am Boden der Paläste abgebildet, wo sie getreten wurden.

Am Ende der Hieroglyphenwörter für Fremde oder fremde Länder stehen häufig Symbole, die mit den Bewohnern des Landes assoziiert wurden. Militärische Elemente sind Teil vieler Wörter für die Völker des Südens (gegen die die Ägypter regelmäßig kämpften). Die Zeichen für Nubier sind dafür gute Beispiele. Eine Version, *mḏ3iw/med-jay*, enthält ein Wurfholz, das Determinativ einer anderen Variante, *nḥsy/n-has-y*, ist ein gefesselter Gefangener. In

einer weiteren Version, *iwnt/oo-nt*, finden wir einen gefesselten Gefangenen und einen Bogen: Die Ägypter hielten die Nubier für hervorragende Bogenschützen. Im Süden grenzten die nubischen Königreiche Wawat und Kusch an Ägypten. Die Ägypter stellten die Bewohner dieser Region, die sie „erbärmlich" schimpften, mit übertriebenen Gesichtszügen, kurzem, lockigem Haar und Ohrringen dar. Im Neuen Reich hatten die Ägypter Nubien systematisch unterworfen und beuteten Menschen, Vieh und Goldvorkommen des Landes aus. Unter Tuthmosis III. (1479–1425 v. Chr.) kontrollierte Ägypten die Region bis zum dritten Nil-Katarakt, dessen Hieroglyphenname, *k3š/kush*, das Zeichen für Hügelland enthält.

Im Nordwesten des Niltals lag Libyen, das die Ägypter in mehreren Feldzügen eroberten, bis sie die territoriale Vorherrschaft erlangten. Die Ägypter porträtierten die Libyer, die oft als Gefangene in ihrem Heer dienten, als Männer mit lockigem Haar, Spitzbart und Federn am Kopf.

Die Beziehung der Ägypter zu den Völkern der Ägäis und den Völkern Asiens war etwas weniger kriegerisch und sie war vor allem auf Handel ausgerichtet. Es ist sehr wahrscheinlich, dass die Ägypter bereits sehr früh mit den Völkern der Mittelmeerregion Seehandel betrieben. Oft finden wir in ägyptischen Texten die Bezeichnung „Keftiu" für Händler. Diese Männer kamen wahrscheinlich aus Kreta. Ab dem Neuen Reich erhielt der ägyptische König Geldzahlungen von den Völkern der Ägäis, die von Ägypten Korn bezogen und im Gegenzug Gewürze, Öle und exotische Güter lieferten.

Asien war von Ägypten durch eine 160 km breite Wüste getrennt. Das karge Terrain dieser „nördlichen Länder" diente den Ägyptern als Weg durch Palästina zu den wichtigen Handelszentren in Syrien und Mesopotamien. Die Ägypter blickten generell auf die Völker Asiens herab und bezeichneten sie sehr abschätzig als „abscheulich" und „erbärmlich". Trotz dieser Antipathie knüpfte Ägypten einige Handelsbeziehungen mit diesen Menschen, die sich zum Teil auch in Ägypten niederließen. Ab dem Neuen Reich war die Hieroglyphensprache von westsemitischen Einflüssen und asiatischen Aus-

NACHBARN, FEINDE, HANDELSPARTNER

NOMADE, FREMDER

šm3/shem-a Gartenteich, Sichel und Geier werden *šm3* ausgesprochen. Determinativ ist ein Mann, der seine Habseligkeiten auf dem Rücken trägt.

SYRIER

fnḫw/fenhekoo

Gehörnte Schlange, Wasserlinie, Plazenta, Wachtelküken, Seil und sitzende Figur mit drei Strichen ergeben das Wort *fnḫw*, „Phönizier" oder Syrer.

MITANNI

mṯn/m-cheten

Eine Eule, eine Hand mit Opferkrug, ein Haltestrick, eine Wasserlinie und ein Hügelland bilden zusammen das Wort Mitanni, ein Königreich östlich des Euphrat.

drücken über Handel und Religion geprägt. Asiatische Götter wie der Sturmgott Baal und die Kriegsgötter Anath und Reschef fanden Einlass ins ägyptische Pantheon. Es war nicht ungewöhnlich, dass Menschen aus Asien (das Hieroglyphenwort lautete entweder *ꜥ3m/eham* oder war so detailliert wie im Bildtext auf Seite 134) in Ägypten arbeiteten und Land besaßen. Einige heirateten sogar Ägypterinnen, überwanden die Vorurteile und stiegen zu hohen Positionen in der ägyptischen Gesellschaft auf.

Ein Detail aus einer Grabmalerei aus der griechisch-römischen Zeit (332 v. Chr.–395 n. Chr.) zeigt zwei traditionelle Feinde der Ägypter. Der Sammelbegriff für alle Feinde Ägyptens lautete „Neun Bogen".

Während der 15. Dynastie (ab 1630 v. Chr.) ließen sich die Hyksos in Nordägypten nieder. In nur 100 Jahren kontrollierten sie das Delta und unterwarfen die Ägypter einer Fremdherrschaft, die einige Generationen lang auf das nationale Selbstbewusstsein drückte. Nach der Vertreibung der Hyksos durch Ahmose (1539–1514 v. Chr.) dominierte militärische Stärke die ägyptische Kultur ein halbes Jahrtausend lang.

Die Lage von Punt, *pwnt/punt* in Hieroglyphen, ist unklar. Wir wissen aber, dass die Ägypter ab dem Alten Reich (2625–2130 v. Chr.) Handel mit Punt betrieben und entlang des Roten Meeres nach Punt gefahren sein dürften. Punt lieferte Ägypten exotische Güter wie Weihrauch, Elfenbein, Ebenholz, Gold und Tierhäute. Da das Land auch Luxusgüter für die Priester produzierte, wird es oft als „Land der Götter" bezeichnet.

RECHNUNGEN & MASSE

Die Erbauer der Pyramiden von Giseh hofften, sich über die Zeit hinwegzusetzen, indem sie für die Könige Cheops (ca. 2585–2560 v. Chr.), Chepren (ca. 2555 bis 2532 v. Chr.) und Mykerinos (ca. 2532 bis 2510 v. Chr.) unvergängliche Grabmonumente schufen. Die Pyramiden sollen wahrscheinlich den Urhügel darstellen, aus dem der Sonnengott emporgestiegen war (siehe Seite 41 bis 43), wie die Schöpfungsmythen erzählen.

Die Mathematik war den alten Ägyptern sehr wichtig. Sie konnten schwierige Rechenaufgaben lösen und mithilfe der Mathematik die Länge der Tage und Jahre und bestimmter astronomischer Zyklen berechnen. Da die Maße und die Zeit auf so viele Bereiche der Landwirtschaft und der Jahreszeiten Einfluss hatte, finden wir in Wörtern über die Zeit oft Symbole aus der Natur.

DIE ZEIT

Die Ägypter konnten die Zeit sehr genau berechnen. Sie teilten den Tag in zwölf Tages- und zwölf Nachtstunden ein. Jede Stunde hatte ihren eigenen Namen: Die erste Stunde des Tages hieß „Leuchtende", die letzte „Zeit, zu der Re wieder ins Leben eintrat" (siehe Seite 146). Die Priester kannten diese Namen und die Symbole für die Nachtstunden wurden manchmal auf die Grabwände gemalt. Sie symbolisierten den Weg der Sonne durch die zwölf Zonen der Unterwelt. Die Tagesstunden wurden seltener dargestellt. Auf einer Stele im British Museum finden wir aber die genaue Geburtsstunde eines Kindes.

Den Verlauf der Stunden zeigte eine Wasseruhr in Form eines konischen Beckens mit astronomischen Motiven an. Der innere Bereich war in zwölf vertikale, gleichmäßig verteilte Streifen unterteilt, die mit den Zeichen für Leben ☥ *ꜥnḫ/annk* und Dauer *ḏd/djed* beschriftet waren. Die Löcher in dem Becken waren so angeordnet, dass das Wasser exakt zwölf Stunden brauchte, um durchzufließen, und so die Zeit anzeigte.

Das Sonnensymbol ☉ war Determinativ in den Wörtern „Tag" *hrw/heroo* und „Zeit" *rk/rek*. Sonnenstrahlen bestimmen das Verb „aufgehen" *wbn/weben*, ein Sonnenaufgang über einem Hügel, ein Brotlaib (*t*) und ein einziger Strich ergeben das Wort „Horizont" *3ḫt/aket*. Die Nachtstunden enthielten für gewöhnlich die Symbole für Mond ◠ oder auch Sterne ✶.

DIE JAHRESZEITEN

| 1 Fünf vertikale Striche ergeben 5.

|| ∩∩ 2 Drei ||||∩ Zehner und sieben Einer stehen für 37.

Für die Ägypter bestand ein Jahr aus einem landwirtschaftlichen Zyklus und nicht aus der Zeit, in der die Erde um die Sonne kreiste. Das Wort „Jahr" enthält eine Palmrippe: *rnpt/renpit*. Es gab drei Jahreszeiten: Die Nilschwemme, die ungefähr von Mitte Juli bis Mitte November dauerte, hieß *3ḫt/akhet*. Der Winter dauerte bis Mitte März und lautete *prt/peret*. Der Sommer, die Erntezeit, wurde *šmw/shemu* geschrieben. Der Beginn einer Periode konnte als *tp/tep* dargestellt werden, die Palmrippe konnte die Jahreszeiten oder die Jugend bestimmen. Das Jahr begann am ersten Tag von Achet, dem ersten Erscheinen

des Sterns Sirius am Morgenhimmel (um den 19. Juli unseres Kalenders). Der Wasserstand des Nils spielte eine wichtige Rolle bei den Jahreszeiten. Die Ägypter maßen den Wasserstand mit einem Nilometer, einer Stele oder Steinplatte am Wasserrand, in die sie eine ovale Markierung, den Mund *r*, eintrugen. Auf diese Weise konnten sie vorhersagen, wie hoch die Flut steigen würde, wie viel Land also überschwemmt würde und wie viele Steuern sie somit einheben konnten.

Das Jahr war weiter in zwölf Monate unterteilt. Das Hieroglyphenwort für „Monat" lautete *3bd/ahbed*. Jeder Monat bestand aus drei Wochen oder Perioden von zehn Tagen, die jeweils mit den 36 Teilen des Nachthimmels übereinstimmten, die von der Position der Konstellationen zu bestimmten Stunden der Nacht abgeleitet waren. Am Ende von Schemu, der Erntezeit, wurden fünf zusätzliche Tage eingefügt. Das ergab pro Jahr eine Gesamtzahl von 365 Tagen. Die fünf zusätzlichen Tagen, die Geburtstage von Osiris, Seth, Isis, Nephthys und Horus, galten als besonders finster: Zu dieser Zeit begaben sich die Götter auf die Erde und konnten wohlwollend, bedrohlich oder feindlich auf die Menschen einwirken. Dies beeinflusste das Leben der Menschen, die an bestimmten Unglückstagen Amulette trugen oder manche Tätigkeiten verschoben. Jedes Jahr war einen Vierteltag zu kurz, so dass alle vier Jahre ein ganzer Tag fehlte. In der ptolemäischen Zeit (305 v. Chr.–30 n. Chr.) wurde die Idee eines „Schaltjahrs" von den Babyloniern übernommen.

Ein weiteres periodisches Rechensystem war mit den ägyptischen Festen verbunden. Diese Feste fielen mit jahreszeitlichen oder mythologischen Ereignissen zusammen und bezogen sich öfter auf den Mondzyklus als das Kalenderjahr. Texte aus der Zeit von Tuthmosis III. (ca. 1479 bis 1425 v. Chr.), die im Tempel von Karnak in Luxor gefunden wurden, sprechen von 54 Feiertagen pro Jahr. Während der Regierung von Ramses III. (ca. 1187–1156 v. Chr.) wurden in Medinet Habu dagegen 60 Feiertage registriert.

Bestimmte Daten, wie wir sie in militärischen Inschriften aus den Königsgräbern kennen, bezogen sich auf Feste und Jahreszeiten. Ein Beispiel aus den Annalen von Tuthmosis III. (siehe Seite 124): „Jahr 23, erster (Monat) der dritten Jahreszeit am 21. Tage, dem Fest des Neumonds, (entspricht der) Königskrönung, früh am Morgen". Die Inschriften und Aufzeichnungen datierten auch Ereignisse aus dem Regierungsjahr des herrschenden Königs als *rnpt/ren-pet*.

Diese Kopie einer Wandmalerei aus dem Mittleren Reich (1980–1630 v. Chr.) aus dem Grab eines Edelmannes in Beni Hasan enthält Zahlen. Die Händler aus Asien (oben) vertrieben Augen-Make-up in Oberägyypten.

1 Die Zahl Fünf bestand aus fünf vertikalen Strichen (siehe Seite 142). Hier scheint sie sich auf Vieh zu beziehen.

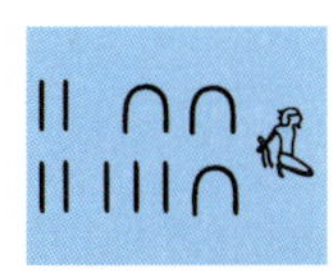

2 Drei Zehner plus sieben Striche ergeben die Zahl 37, die hier am Ende eines Wortes steht, dessen Determinativ „Gefangene" oder „Fremde" bedeutet.

MATHEMATIK

Die Zahlen auf dem Papyrus (ca. 1550 v. Chr.) in hieratischer Schrift (siehe Seite 12) berechnen das Volumen eines Getreidespeichers. Neben einer Tabelle, in der die Getreidemenge aufgeteilt wird, steht auch eine Formel zur Berechnung der Quadratzahl eines Kreises.

Ab der Frühzeit der ägyptischen Geschichte mussten die Menschen den Getreideertrag, die Landflächen und die Lagerräume für das Getreide berechnen. Den Zahlen kam auch in Architektur und Militär große Bedeutung zu: Es musste genau berechnet und geplant werden, wie die großen Steinquader für die monumentalen Statuen und Gebäude geschnitten und transportiert wurden. Die Schreiber, die die Militärlogistik planten, mussten schätzen, wie viel Proviant die großen Armeen benötigten.

Vor der Einführung von Geld als Zahlungsmittel in der Spätzeit (664–332 v. Chr.) war es wichtig, Arbeit, Materialaufwand und Bezahlung der Güter genau zu planen. Steuern, Abgaben und Beutelisten waren wichtiger Teil einer Wirtschaft, die auf Buchhaltung aufbaute. In mehreren Militärszenen sehen wir ägyptische Schreiber, die abgeschlagene Hände oder Phalli zählen, um die Zahl der Toten zu schätzen.

Die Hieroglyphen für „Zahl" oder „Menge" lauteten 𓂋𓐍𓏏 *rḫt/ rek-het*; 𓇋𓊪 *ip/ epp* bedeutete „zählen". Die Ägypter verwendeten ein Dezimalsystem mit Zehnern und Hundertern. Die wichtigsten Zahlen hatten spezielle Zeichen. So lautete eins 𓏺, zehn 𓎆, 100 𓍢, 1.000 𓆼, 10.000 𓂭, 100.000 𓆐 und 1.000.000 𓁨. Die anderen Zahlen wurden als Vielfaches dieser Ziffern geschrieben. Entweder wiederholte man das Zeichen in der erforderlichen Anzahl oder schrieb einige Striche neben das Symbol. Die tatsächliche Zahl war die Summe aller wiederholten Zeichen. Für die Mengenangabe „viele" verwendete man das Zeichen 𓆈 *ˁš3/ashar*.

Die häufigsten mathematischen Berechnungen waren Addieren und Subtrahieren. Das Verb „abziehen" lautete 𓐍𓃀𓏴 *ḫbi/hebby*. Wollte man multiplizieren, addierte man ein Zahl so oft wie nötig mit sich selbst. Wollten die Ägypter also wissen, wie viel 10 x 4 ist, hätten sie 10+10+10+10 gerechnet. Sie dividierten, indem sie eine Zahl so lange abzogen, bis eine unteilbare Zahl blieb. Zwar kannten sie Bruchzahlen, aber außer 2/3 und 3/4 verwendeten sie kein Vielfaches einer Bruchzahl. 1/5 wurde benutzt, nicht aber 2/5, 3/5 oder 4/5.

Das Zeichen 𓆼𓄿𓇋 *ḫ3i/ha-ee* bedeutete „messen". Das Grundmaß war eine Elle, also der durchschnittliche Abstand zwischen Ellbogen und Fingerspitzen. Entfernungen wurden 𓂣 *mḥ/mha* geschrieben. Dieses Maß betrug etwa 50 cm. Eine Elle wurde in sieben „Handflächen", 𓌨𓊪 *šsp/shesep*, von je 7,5 cm unterteilt, diese wiederum in vier „Fin-

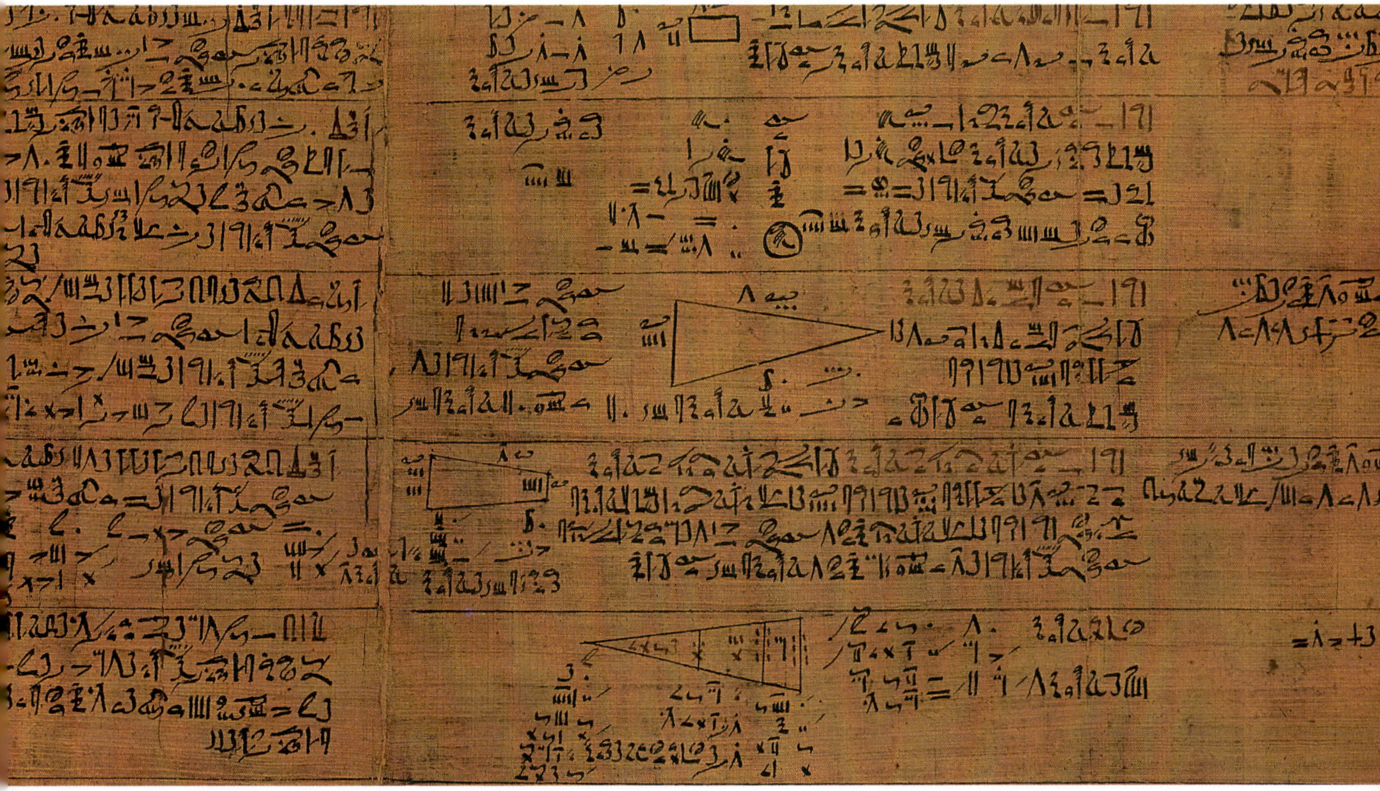

gerweiten", die als *ḏbꜥ/jeb-ah* dargestellt wurden. Ein Achet (Stab) wurde *ḫt/het* geschrieben und entsprach 100 Ellen oder 50 Meter. Das Flussmaß war eine beträchtlich größere Einheit mit ungefähr 20.000 Ellen oder zehn Kilometern. Das Zeichen für Flussmaß lautete *itrw/eet-roo*. Landwirtschaftliche Flächen wurden in „Setjet" berechnet, die sich auf jeweils 100 Quadratellen beliefen.

Das Flüssigkeitsmaß war grundsätzlich ein Hin, das ungefähr 0,6 Liter fasste. Getreideberechnungen basierten auf dem Hekat, einer Einheit von zehn Hin oder 6 Litern. Das Standardmaß für Gewichte war ein Deben, das als *dbn/deben* geschrieben wurde. Man nimmt an, dass diese Gewichtseinheit ein wenig unter einem Kilo ausmachte und in zehn Einheiten namens Qites, *ḳdt/kedet*, unterteilt war.

2 Palm-
rippe

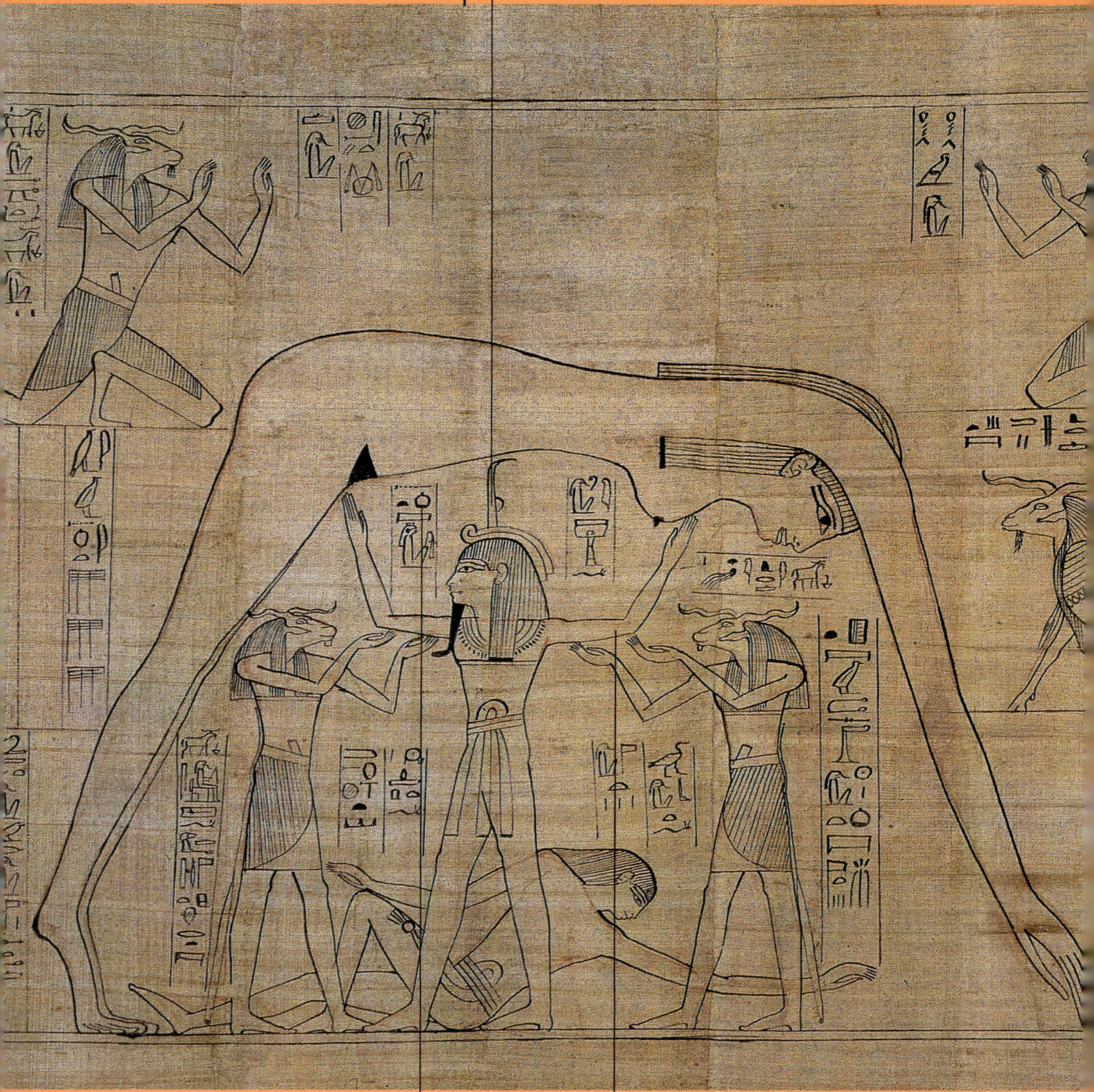

1 Nuss

Diese Figur gleicht der Hieroglyphe für Mann mit betend erhobenen Armen.

HIMMELSWELTEN

Die Ägyter glaubten, dass der Himmel, wie der Nil, aus Wasser bestand. Tagsüber glitt die Sonne über den Himmelsozean, in der Nacht legten die Sterne diesen Weg zurück. Die Gottheiten und ihr Gefolge bewegten sich durch die Unterwelt und kämpften gegen die schrecklichen Dämonen, die dort lebten. Als Erklärung für den Ursprung der Welt, der Gottheiten und der Menschen entwickelten die Ägypter unterschiedliche Schöpfungsmythen.

SCHÖPFUNGSMYTHEN

Den unterschiedlichen altägyptischen Schöpfungsmythen ist das Konzept der „Urzeit" gemein, in der der Kosmos entstand. Einige Schöpfungsmythen setzen diese Zeit mit Nun gleich, dem Wasser des Chaos, aus dem ein Erdhügel emporstieg, der die Insel der Schöpfung formte (siehe Seite 41).

Der Schöpfungsmythos von Heliopolis erzählt, dass der Sonnengott Atum als Kind aus einer Lotosblüte schlüpfte, die in dem Urgewässer wuchs, das Ordnung in das Chaos brachte. In seiner Rolle als Schöpfergott hatte Atum männliche und weibliche Aspekte. Er schuf spontan die ersten Gottheiten Schu („Luft") und Tefnut („Feuchtigkeit"). Sie verbanden sich und gebaren Geb („Erde") und Nut („Himmel"), die wiederum Osiris und Isis, Seth und Nephthys hervorbrachten, die vier Gottheiten, die für die Ägypter Schöpfung, Geburt und Sexualität (siehe Seite 41) verkörperten.

Frühe Mythen erzählen, dass Atum in Form eines Falken aus einem göttlichen Ei schlüpfte. Thebanische Theologen dachten, dass Amun Götter und Menschen erschaffen hatte. In der Mythologie von Memphis schuf dagegen Ptah die Gottheiten aus einem „Wunsch seines Herzens".

Im Mittleren Reich (2040–1640 v. Chr.) dachten die Ägypter, dass die Menschen aus den Tränen des Sonnengotts entstanden waren. Eine andere Schöpfungsgeschichte erzählt, dass der Gott Chnum die Menschen aus Ton auf seiner Töpferscheibe formte und ihren Körpern danach Leben einhauchte.

Der Gott Schu trennt in dieser Szene aus dem Totenbuch Nut den Himmel von Geb, der Erde. Dieses Buch gehörte Nesitanebtaschru, der Tochter des oberägyptischen Königs Pinudjem I.

1 Direkt unter dem Bauch der Göttin steht ihr Name: Krug und Brotlaib mit Himmelssymbol lauten nwt/nut.

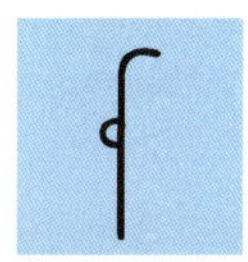

2 Auf dem Kopf der Figur neben der Göttin finden wir 𓆳, das Symbol der Palmrippe, die mit gesundem Wachstum oder Jugend assoziiert wird.

TAG UND NACHT

Sonnenthemen durchdringen alle Bereiche der ägyptischen Religion und Kultur. Tote Könige wurden mit dem Sonnengott Re identifiziert, der jede Nacht über das Chaos siegt, von der Himmelsgöttin *nwt/Nut* neu geboren wird und in einem Boot über den Himmel zieht. Der Morgen hieß Barke des Sonnengottes, *mʿnḏt/man-jet*. Der Arbeitstag begann mit Sonnenaufgang, wenn die Strahlen das Land zu Leben erweckten, die Farben veränderten und den Tagesablauf der Menschen bestimmten.

In späterer Zeit hatte die Sonne drei Symbole: Am Morgen war sie Chepre, zu Mittag Re und abends Amun. Gedanke dahinter mag das Bild der Sonne als Kind am Morgen, als Jugendlicher zu Mittag und als alter Mann am Abend gewesen sein. Das Totenbuch (siehe Seite 74–75) beschreibt die Sonne als „Aspekt der drei". Chepre wurde auch *ḫpr(i)* geschrieben und als Skarabäus *ḫpr* dargestellt.

König Amenophis III. (ca. 1390–1353 v. Chr.) machte den Aton-Kult populär. Dieser Gott wird mit einer Sonnenscheibe *itn/aten* dargestellt. Sein Nachfolger Amenophis IV. (ca. 1353 bis 1336 v. Chr.) stellte Aton über alle anderen Götter. Er ließ sich Echnaton rufen und verlegte seinen Hof in die neue Stadt Achetaton (Tell el-Amarna) im fernen Mittelägypten, wo Aton in Höfen verehrt wurde, die sich zur Sonne öffneten. Indem er sich selbst Atons Sohn nannte, erhob er seine Göttlichkeit, bis er einem Gott glich: Bilder zeigen die Sonnenstrahlen mit Händen – eine Verbindung zwischen Göttlichkeit und Königsfamilie.

Der Sonnenuntergang markierte den Abstieg des Sonnengotts in die Unterwelt, *dw3t/do-att*, wo er auf einer Barke, *sktt/sket*, fuhr. Die Nacht, *grḥ/graha*, war das Schattenreich der Toten und Dämonen.

Der Mond war mit den Gottheiten Chons, Min, Schu und Chnum verbunden.

TAG *hrw/heroo* Eine Schutzhütte aus Matten (*h*), Mund (*r*) und Wachtelküken (*w*) lautet *hrw*. Die Sonne ist Determinativ in „Tag" und „Morgen" (unten).

MORGEN *dw3t/do-att* Stern und Geier heißt *dw3t*.

SCHLAF *ʿwy/eeoo* Das Auge ist Determinativ in dem Wort „Schlaf", das mit zwei Armen, einem Wachtelküken und zwei Strichen geschrieben wird.

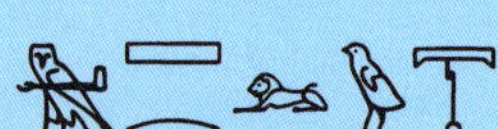

ABEND *mšrw/mesheroo* Eule mit Hand und Arm, Gartenteich über Mund, ein ruhender Löwe, Wachtelküken und Nachthimmel mit zerbrochenem Zepter heißt „Abend".

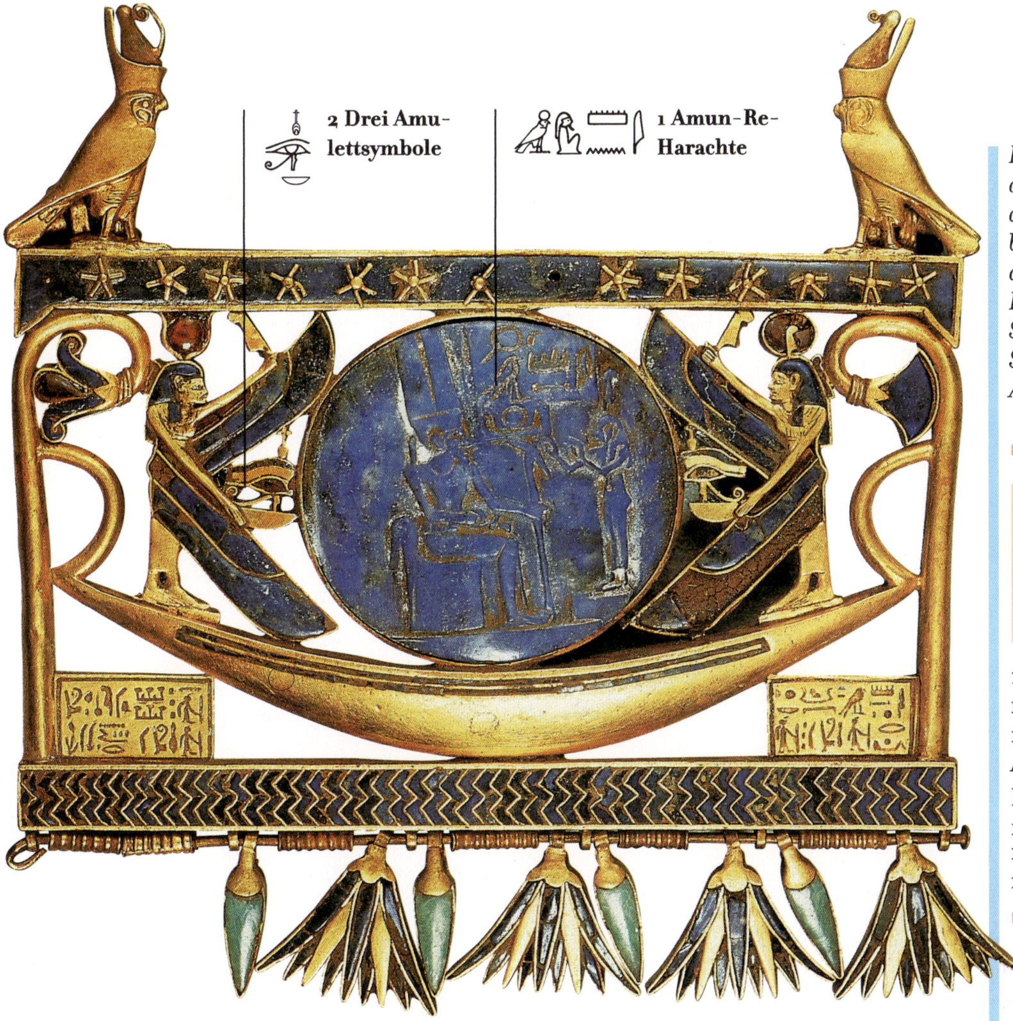

Der goldene Anhänger aus dem 10. Jahrhundert v. Chr. zeigt eine blaue Sonnenscheibe auf einer goldenen Barke unter einem Sternenhimmel. Die Scheibe zeigt Maat vor Amun-Re-Harachte.

1 *i*/ee, mn/men, n/en ergeben den Namen Amun; ist das Determinativ für den Gottesnamen. lautet rꜥ-ḥr-3ḫty/ray-hor-akty.

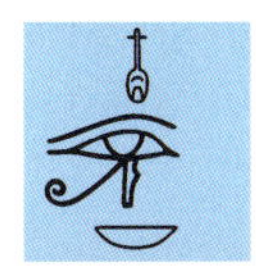

2 Diese drei Zeichen wurden als Amulett getragen: nfr/nefer („Gut"); das Horusauge wḏ3t/wedjat (ein Schutzamulett); und nb/neb („Alles").

Sonne und Mond bildeten die Horusaugen. Das (linke) Mondauge hieß *wd3t/wedjat* oder „starkes Auge", da es Seth zerstört und Toth wiederhergestellt hatte (siehe auch Seite 30–33).

Vorlesepriester (siehe Seite 112–114) deuteten die Träume. Die Ägypter dachten, dass die Götter und Toten durch Träume Botschaften übermittelten, und Patienten, die auf heilende Träume hofften, besuchten regelmäßig die Sanktuare der Tempelbezirke. Einige Menschen beauftragten Magier, Dämonen in die Träume ihrer Feinde zu schicken. Tuthmosis IV. (ca. 1400–1390 v. Chr.) erhielt oft eine Botschaft von der Sphinx, die ihm einen Platz auf Ägyptens Thron versprach, wenn er ihr Gebäude von Sand befreite.

HIMMLISCHE GEWÄSSER

Ein Relief aus dem Hathortempel in Dendera aus der ptolemäischen Zeit (323–30 v. Chr.) zeigt Himmelswesen. Der moderne Tierkreis geht auf die ägytische Sicht des Nachthimmels zurück.

1 EIN DETAIL RECHTS IM BILD ZEIGT JꜤH/JAR, DEN „MOND". TOTH, DER GOTT DER WEISHEIT UND DER SCHREIBER, WAR MIT DEM MOND VERBUNDEN.

2 EIN DETAIL (UNTEN LINKS) ENTHÄLT SB3/SABA, DAS WORT FÜR „STERN". IN DEN PYRAMIDENTEXTEN WURDEN DIE STERNE MIT DEN SEELEN DER VERSTORBENEN IM FELD DER OPFERGABEN IDENTIFIZIERT.

Die Ägypter betrachteten den Himmel als Ozean, ein Abbild des Nils, das die Erde umgab. Die Unterwelt oder „Duat" *d3t/do-att* war der Leib der Göttin Nut. Am Rand des Nachthimmels, wo die Polarsterne nie untergingen, lag das Schilffeld oder Feld der Opfergaben. In diese Richtung deuteten die Pyramiden des Alten Reichs (2625–2130 v. Chr.). Sie verbanden die Toten mit den „Unvergänglichen".

Aufzeichnungen aus dem Neuen Reich (1539–1075 v. Chr.) nennen die fünf Planeten Jupiter, Merkur, Venus, Saturn und Mars sowie die Konstellationen, die mit den Göttern assoziiert wurden. In den Pyramidentexten (siehe Seite 70–71) ist auch der „Pfad der Sterne", die Milchstraße, erwähnt. Als ein Bauernvolk beschrieben die Ägypter den Ablauf der Jahreszeiten mit Sternkarten. Der Hundsstern Sirius wurde mit Isis assoziiert, deren Tränen den Fluss steigen ließen, bis er um den 19. Juli seinen Höchststand erreichte und die Nilschwemme begann (siehe Seite 140–141). Karten auf den Tempeldecken enthielten goldene Sterne auf azurblauem Himmel, die Basaltböden repräsentierten die Erde. Im Grab von Ramses IV. (ca. 1156–1150 v. Chr.) durchquert die Sonne den Körper der Himmelsgöttin Nut.

DER STERNENHIMMEL

HIMMEL *ḥrt/hurt* Ein Gesicht (*hr*), ein Mund (*r*) und ein Brotlaib (*t*) ergeben *ḥrt*. Das Himmelszeichen ist Determinativ.

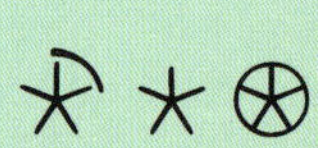

STERN *nt/net sb3/saba d(w)3t/do-at* Der Stern kommt in allen drei abgebildeten Varianten vor.

HALBMONDFEST *nt/net* Das halbe Zeichen für Mondsichel und ein Stern ergeben gemeinsam mit einer Wasserlinie, einem Brotlaib und einem Alabasterbecken das Wort *nt/net* oder „Halbmondfest".

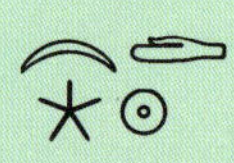

MONAT *3bd/abed* In Wörtern, die mit dem Verlauf der Zeit assoziiert werden, finden wir häufig Sterne. Hier steht eine Mondsichel über dem Stern.

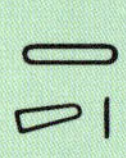

INSEL *iw/yo* Die Sterne galten als Inseln in den himmlischen Gewässern. Die Zeichen für Flachland und Vegetation und ein Strich ergeben *iw*.

2 Stern

1 Mondsichel

FÜNFTES KAPITEL

ANHANG

Die Hieroglyphenschrift war so flexibel, dass die ägyptischen Schreiber damit komplexe Gedanken festhalten konnten. Dieser Anhang bietet Ihnen eine Einführung in die Grammatik der Hieroglyphenschrift und einen umfassenden, einfach zu benutzenden Index mit den Zeichen, die in diesem Buch verwendet wurden.

Die Kartusche von Sesostris I. (ca. 1919–1875) wiederholt diese Inschrift in Karnak: „Cheper-ka-Re" („das Ka von Re entsteht").

DIE GRAMMATIK DER HIEROGLYPHEN

Wenn Sie mit dem Hieroglyphenalphabet (siehe Seite 22–23) und der Verwendung der Determinative (siehe Seite 24–25) vertraut sind, können Sie die Grammatik der Hieroglyphen studieren. Die ägyptische Grammatik ist sehr komplex und noch heute ein Streitthema unter Wissenschaftlern. Einige Grundkenntnisse und ein paar einfache Richtlinien ermöglichen es Ihnen aber, die Hieroglyphen auf Monumenten, Grabmalereien und anderen Kunstwerken besser zu verstehen und Freude an ihrer Entzifferung zu haben.

Die ersten Hieroglyphentexte wurden in Altägyptisch, der Sprache des Alten Reichs (2700–2200 v. Chr.) verfasst. Die meisten Beispiele in diesem Buch sind aber in Mittelägyptisch geschrieben. Diese Sprache, in der die Texte aus der Zeit um 2200–1800 v. Chr. geschrieben sind, gilt als die klassische und einfachste Hochsprache (siehe auch Seite 13).

Auf den folgenden Seiten finden Sie eine Einleitung zur Grammatik der mittelägyptischen Hieroglyphen mit Kapiteln zu Substantiven, Adjektiven, Verben, Bindewörtern, Präpositionen, Pronomen, Wortstellung, Verneinung und Sätzen ohne Verb sowie eine detailliertere Aufschlüsselung des Alphabets (siehe auch Seite 22–23). Der Abschnitt enthält Hinweise zur Entzifferung der Königstitel und Daten. Auf diesen Seiten sind nur die Transliterationen, nicht aber die Aussprache angegeben (siehe Seite 20–21), damit Sie die Hieroglyphen leichter mit ihrer deutschen Übersetzung vergleichen können. So ist etwa bei „Bruder" *sn/sen* nur die Transliteration *sn* angegeben.

SUBSTANTIVE

MÄNNLICHE UND WEIBLICHE SUBSTANTIVE

Maskuline Wörter haben kein Suffix, das auf das Geschlecht hinweist. Feminine Wörter enden auf *t*. Etwa:

sn „Bruder"
snt „Schwester"

Maskuline Substantive können mit einem Determinativ enden, das eine Verbindung zu Männern oder männlichen Aktivitäten herstellt. Zum Beispiel:

it „Vater"
b3k „Diener"
rḫty „Wäscher"

Das Symbol ist Determinativ für ein männliches Wort. In *h3y*, „Ehemann", erfüllt das Phallussymbol eine ähnliche Funktion.

Manche weibliche Wörter enthalten das Determinativ, das auf Frauen und weibliche Aktivitäten hinweist. Etwa:

mwt „Mutter"
s3t „Tochter"

Diese beiden Wörter enthalten weibliche Determinative: und .

Wörter, die weder männlich noch weiblich sind, haben eine feminine Endung. Dazu zählen die Namen von Ländern und Städten:

kmt der Name für Ägypten (das „Schwarze Land", siehe Seite 126).
ꜥIpt-swt Karnak
w3st Theben
niwt „Stadt"

Alle vier enthalten auch das Bedeutungszeichen , das ein Wort zu einem Städte-, Dorf- oder Ländernamen macht.

Singular, Plural und Dual

Mittelägyptisch unterscheidet zwischen drei Zahlangaben: Singular, Plural und Dual. Die Pluralendung ist *w* für maskuline Substantive und *wt* für weibliche Hauptwörter.

sn „Bruder" wird zu
snw „Brüder";
snt „Schwester" wird zu
snwt „Schwestern"

In beiden Wörtern verstärken drei Striche den Hinweis, dass es sich um ein Pluralwort handelt (siehe unten).

Der Dual bezeichnet Paare. Maskuline Paare enden auf ; feminine auf :

sn „Bruder" wird zu
snwy „ein Brüderpaar";
snt „Schwester" wird zu
snty „ein Schwesternpaar"

In beiden Fällen wird das Determinativ verdoppelt.

Manchmal bezeichnet ein wiederholtes Ideogramm in einem Wort den Plural:

ḥk3 „Magie" wird zu
ḥk3w „Zaubersprüche";
nṯr "god" „Gott" wird zu
nṯrw „Götter" oder
nṯrwy „ein Götterpaar"

Die Lautschrift der Wörter (siehe Seite 20–21) wird oft gemeinsam mit den wiederholten Ideogrammen verwendet, etwa in *srw* „Beamte", wo für *sr* oder „Beamter" steht; das *w* ist Hinweis auf ein männliches Pluralsubstantiv und die drei wiederholten Ideogramme verstärken den Pluralcharakter. Hier ist das wiederholte Ideogramm Bedeutungszeichen (siehe Seite 24) für Wörter, die mit Beamtentum und öffentlichen Autoritäten assoziiert werden. Öfter bezeichnen drei Striche unter oder neben dem Wort den Plural:

nṯr „Gott" wird zu
nṯrw „Götter";
pr „Haus" wird zu
prw „Häuser"

Verben

Im Ägyptischen werden an den Verbstamm die Zeiten angehängt. Für den Anfänger sind Vergangenheit und Gegenwart ausreichend. Zum Beispiel:

sḏm-f " „Er hört""
sḏm n-f „Er hörte"

Die Vergangenheit wird mit dem *n* direkt an den Verbstamm angehängt.

Adjektive

Meist stehen die Adjektive hinter dem Substantiv. „Guter Sohn" hieße also:

s3 „Sohn" *nfr* „guter"

Die Adjektive werden nach dem Geschlecht des Substantivs abgewandelt:

„Guter Mann" heißt:
s „Mann" *nfr* „guter";
„Gute Frau" dagegen:
st „Frau" *nfrt* „gute"
„Exzellenter Bruder" heißt:
sn „Bruder" *iḳr* „exzellenter";
„Exzellente Schwester" dagegen:
snt „Schwester" *iḳrt* „exzellente"

In beiden Fällen wird der Brotlaib als weibliche Endung an das Adjektiv angehängt.

Adjektive können allein stehend wie ein Substantiv verwendet werden. In diesem Fall wird es mit einem Determinativ als Bedeutungsbestimmung geschrieben. Zum Beispiel: *nfrt* bedeutet „schöne Frau" oder wörtlich übersetzt „die Schöne" mit dem Determinativ , das bestimmt, dass die Schöne eine Frau ist. Der Brotlaib, *t* , ist die weibliche Endung. Die Zeichen , oder *nfr*, können „schön" oder „gut" bedeuten.

Bindewörter

Die Hieroglyphenschrift kennt keinen bestimmten oder unbestimmten Artikel. Je nach Kontext kann das Wort „Kapelle" *r-pr* somit „die Kapelle", „eine Kapelle" oder einfach nur „Kapelle" heißen. Es gibt auch kein Wort für „und". Zwei Dinge oder Personen werden einfach durch Aneinanderreihen verbunden:

sn snt „Bruder und Schwester"
snw snwt „Brüder und Schwestern"

Wenn die alten Ägpyter eine positive Beziehung zwischen zwei Substantiven ausdrücken wollten, reihten sie die beiden Hauptwörter aneinander.

ḥwt-nṯr „Gotteshaus" oder „Tempel"

imy-r pr „Hausaufseher" oder „Verwalter"

Präpositionen

In der Hieroglyphenschrift bestehen die Präpositionen aus einem (einfache Präpositionen) oder mehreren Wörtern (zusammengesetzte Präpositionen). Nach der Präposition steht immer das Substantiv, auf das sie sich bezieht.

Die wichtigsten Präpositionen:

m „in", „mit", „von", „als"
r „in Bezug auf", „zu", „gegen"
n „zu" (einer Person)
ḥr „auf"
ẖr „unter"
ḫr „mit", „bei"
in „von"
ḥnꜥ „gemeinsam mit"

Pronomen

Es gibt drei Hauptgruppen: Suffixe, abhängige und unabhängige Pronomen.

Suffixe werden so genannt, weil sie als Endung an Substantiv, Präposition oder Verb angehängt werden. Sie müssen mit dem vorherstehenden Wort verbunden sein. Sie bestimmen Tätigkeiten von Personen („*er* fand eine Frucht") und zeigen Besitz an („*sein* Grab").

Die wichtigsten Suffixe sind:

i „ich", „mir/mich", „mein(e, es)"
k „du", „dir/dich", „dein" (maskulin Singular)
ṯ „du", „dir/dich", „deine" (feminin Singular)
f „er", „ihm/ihn", „sein(e, es)", „es"
s „sie", „ihr", „ihr(e, es)", „es"
n „wir", „uns"
ṯn „ihr", „euer" (Plural)
sn „sie", „ihnen" (Plural)

Abhängige Pronomen bestimmen das Objekt einer Tätigkeit: „*ihn* schlagen". Anders als die Suffixe müssen sie nicht an das vorhergehende Wort angehängt werden, sie können alleine stehen, nie aber am Satzanfang.

Abhängige Pronomen sind:

wi „ich", „mir/mich"
ṯw „du", „dein" (maskulin)
ṯn „du", „deine" (feminin)
sw „er", „ihm/ihn", „es"
sy „sie", „ihr", „es"
n „wir", „uns"
ṯn „ihr" (Plural)
sn „sie", „ihnen"

Unabhängige Pronomen stehen immer am Satzanfang. Sie betonen das Pronomen: „*Du* sahst es." Die unabhängigen Pronomen lauten:

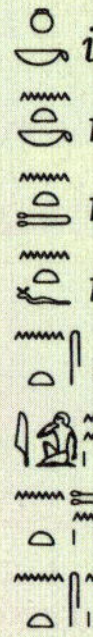

ink „ich"
ntk „du" (maskulin)
nṯ „du" (feminin)
ntf „er", „es"
nts „sie", „es"
inn „wir"
nṯn „ihr" (Plural)
ntsn „sie" (Plural)

Satzstellung

Die Wortstellung der ägyptischen Sätze bestimmt, ob ein Substantiv Subjekt oder Objekt ist, ob also die Wörter „ich/mir/ mich", „schlagen" und „er/ihm/ihn" „ich schlage ihn" oder „er schlägt mich" bedeuten. Üblicherweise lautet die Satzstellung Verb, Subjekt, Objekt. Zum Beispiel:

sḏm b3k ḫrw-f
„hört" (*sḏm*) „der Diener" (*b3k*) „Stimme" (*ḫrw*) „seine" (*f*) – „Der Diener hört seine Stimme."

Wenn ein Satz ein Adverb oder eine Adverbialbestimmung enthält, lautet die Satzstellung Verb, Subjekt, Objekt, Adverb/Adverbialbestimmung. Etwa:

m33 s rꜥ m pt
„sah" (*m33*) „der Mann" (*s*) „die Sonne" (*rꜥ*) „am" (*m*) „Himmel" (*pt*) – „Der Mann sah die Sonne am Himmel."

Wenn das Objekt des Satzes ein abhängiges Pronomen ist (siehe Seite 155) und das Subjekt ein Substantiv, ändert sich die Satzstellung: Verb, Objekt (Pronomen), Subjekt (Substantiv), Adverb oder Adverbialbestimmung. „Der Mann fand ihn in Ägypten." lautet:

gm sw s m kmt
„fand" (*gm*) „ihn" (*sw*) „den Mann" (*s*) „in" (*m*) „Ägypten" (*kmt*)

Die Satzstellung ändert sich auch in Sätzen mit indirektem Objekt. Dann gilt die Satzstellung Verb, Subjekt, Objekt, indirektes Objekt, Adverb oder Adverbialbestimmung. Zum Beispiel: „Der Schreiber preist den Gott in der Kapelle" lautet nach der deutschen Satzstellung folgendermaßen: Subjekt („der Schreiber"), Verb („preist") Objekt („den Gott"), Adverbialbestimmung („in der Kapelle"). In Hieroglyphenschrift lautet die Satzstellung dagegen: Verb („gibt"), Subjekt („der Schreiber"), Objekt („Lob"), indirektes Objekt („dem Gott"), Adverbialbestimmung („in der Kapelle"):

rdi sš hnw n ntr m rpr

„gibt" (*rdi*) „der Schreiber" (*sš*) „Lob" (*hnw*) „zu" (*n*) „dem Gott" (*ntr*) „in" (*m*) „der Kapelle" (*r-pr*).

Ist das indirekte Objekt ein Pronomen, darf das Substantiv nicht vor dem Pronomen stehen. Ebenso steht das abhängige Pronomen nie vor dem Suffix (siehe Seite 155). Der deutsche Satz „der Mann gibt dir Brot" würde auf Altägpytisch lauten: „gibt zu dir der Mann Brot."

rdi n-k s t

„gibt" (*rdi*) „zu dir" (*n-k*) „der Mann" (*s*) „Brot" (*t*)

VERNEINUNGEN

Für Verneinungen gab es in der Hieroglyphenschrift vor allem zwei Formen: 𓂜 *n* und 𓂜𓈖 *nn*. 𓂜 steht in Sätzen, die in der Vergangenheit geschrieben sind und verneint das erzählende Verb. 𓂜𓈖 *nn* deutet meist auf ein Futur hin. In Vergangenheit und Zukunft steht die Verneinung immer vor dem Verb am Satzanfang:

n sdm-f

„Er hörte nicht."

nn sdm-f

„Er wird nicht hören."

Ist die Verneinung aber in der Gegenwart, steht *n* nach dem Verb, wenn dem Verb ein Suffix folgt. Zum Beispiel:

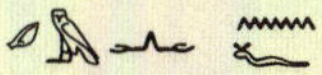

sdm n n-f

„Er hört nicht."

Wenn Verben verneint werden, kommt dem 𓈖 umgekehrte Funktion zu. Hier weist es auf die Gegenwart, nicht die Vergangenheit hin.

SÄTZE OHNE VERB

Einige Sätze der Hieroglyphenschrift enthalten kein Verb. Da meist nur „sein" fehlt, sind die Sätze leicht zu verstehen. Zum Beispiel:

rr m pt

heißt übersetzt „Sonne am Himmel" und bedeutet wahrscheinlich „die Sonne (ist/war) am Himmel". Es kann schwierig sein, zwischen Vergangenheit, Gegenwart und Zukunft zu unterscheiden, doch erkennt man oft aus dem Kontext die Bedeutung. So finden wir Hieroglyphen, die ein zukünftiges Ereignis beschreiben, meist auf Grabmonumenten (Stelen).

Diese Inschriften möchten sicherstellen, dass der Tote von den Lebenden nicht vergessen wird.

Das Alphabet

Die altägyptische Schrift kannte ein Grundalphabet von 24 Einkonsonanten-Zeichen (siehe Seite 22–23). Zusätzlich gab es Zweikonsonanten-Zeichen und Dreikonsonanten-Zeichen. Einige davon finden Sie auf Seite 22–23. Eine umfangreichere Liste finden Sie hier:

Ausgewählte Zweikonsonanten-Zeichen mit Aussprache:

ir/er
ʿ3/aa
w3/wa
b3/ba
p3/pa
m3/ma
ḥ3/ha
ḫ3/kha
ẖ3/ha
s3/sa
š3/sha
k3/ka
t3/ta
ṯ3/cha
mn/men
wn/wen
ẖn/hen
šn/shen
in/in
wn/wen
nn/nen
im/im
ḥm/hem
km/kem
gm/gem
tm/tem
wp/wep
kp/kep
mi/mee
ti/tee
wʿ/wa
hʿ/ha
3w/ow
nw/noo
hw/hoo
sw/soo
iw/yoo
ḫw/khoo
ḏw/dja
mw/moo
rw/roo
sw/soo
3b/ab
pr/pair
oder *mr/mer*
ḥr/her
wr/wer
ḏr/der
mḥ/meh
nḥ/neh
is/iss
ns/ness
ḥs/hess

šs/sess
ꜥk/ak
sk/sek
mt/met
mt/moot
ḫt/khet
šd/sed
ḳd/ked
ḏd/djed
ꜥḏ/adj
wḏ/wedj
nḏ/nedj
ḥḏ/hedj.

Ausgewählte Dreikonsonanten-Zeichen:
Da die Dreikonsonanten-Zeichen weniger häufig vorkommen als die Zweikonsonanten-Zeichen, ist keine umfangreiche Liste nötig. Hier einige Beispiele:

ḫpr/kheper
nfr/nefer
nṯr/netjer
ꜥnḫ/ankh
wsr/woser
ḥrw/heroo.

Königliche Epitheta
Die folgenden Königstitel sind in Inschriften weit verbreitet:

nṯr-nfr
„guter Gott";
nb nswt t3wy
„Herr der zwei Länder";
nsw bit
„König von Ober- und Unterägypten"

Diese Titel stehen vor der Kartusche (siehe Seite 82–85) des vierten Namens oder Pränomens des Königs. Der Titel *s3-Rꜥ* „Sohn des Re" steht häufig vor dem fünften Namen oder Pränomen des Königs, der ebenfalls in einer Kartusche eingraviert ist. Die Titel *di ꜥnḫ* „Leben erhalten" und *di ꜥnḫ ḏt* „ewiges Leben gegeben" stehen häufig nach den Namen. Andere Wörter, die oft in Texten über das Königtum vorkommen, sind:

ḥm „Majestät"
iti „Souverän"
bity „König von Unterägypten"
ni-swt „Königtum"
pr-ꜥ3 „Pharaoh"

Daten
Die folgenden Daten und Jahreszeitennamen finden wir in vielen Inschriften:

rnpt „Jahr"
3bd „Monat"
tr „Jahreszeit"
i3ḫi „Überschwemmung"
šmw „Sommer"
prt „Winter"

BEISPIELÜBERSETZUNGEN

Mit den folgenden Sätzen und Phrasen mit Transliteration und deutscher Übersetzung lernen Sie, Hieroglyphen aus dem Alltagsleben und aus einer typischen Königsinschrift von Amenemhet III. (ca. 1818–1772 v. Chr.) zu verstehen. Wenn Sie überlegen, welche Zeichen welchem deutschen Wort entsprechen, werden Sie nicht nur mit dem gängigsten Vokabular vertraut, sondern auch mit Satzstellung und Satzaufbau. Beispiele für die Zeichen finden Sie im Zeichenindex auf Seite 166–171.

s *m* *sš*

es em sesh

„Der Mann ist [als] ein Schreiber."

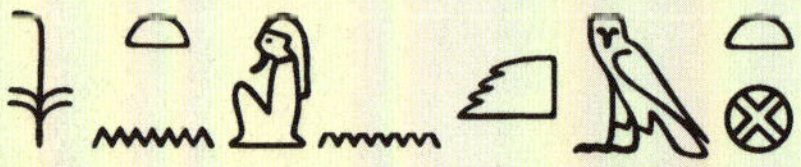

nsw *n* *kmt*

nesoo en kemet

„Der König von Ägypten."

ḥmt *m* *pr*

hemet em pair

„Die Frau ist im Haus."

rꜥ *m* *pt*

ray em pet

„Die Sonne steht am Himmel."

ꜣpd *ḥr* *mw*

aped her moo

„Der Vogel ist auf dem Wasser."

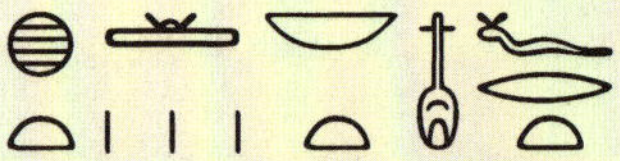

ḫt *nbt* *nfrt*

heket nebet nefert

„Alle guten Dinge."

ḥmwt *nt* *sr*

hemet-oo net ser

„Die Frauen des Anführers."

nn *sḏm-f*

nen sed-jem-ef

„Wir dürfen nicht hören."

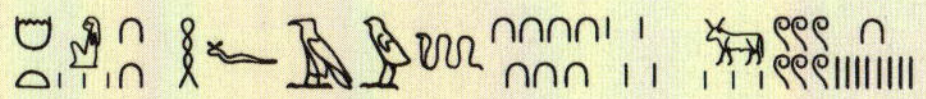

ḥmwt 20 *hf3w* 74 *iḥw* 618

hamoot 20 hefoo 74 eehoo 618

„20 Frauen, 74 Schlangen und 618 Rinder."

rḫ ib nb-f

rech eb neb-ef

„Das Verlangen seines Herrn kennen."

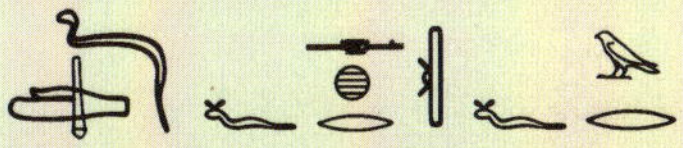

ḏd-f sḫr-f wr

jed-ef seker-ef wier

„Er erläuterte seinen wichtigen Plan."

 *imi*

n knd rmṯ

eemee en kend rem-chet

„Die Menschen mögen nicht böse sein."

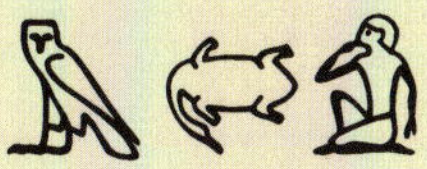

m snḏ

em sen-jay

„Keine Angst!"

mri n it- f wr n mwt-f sfn

merry en eat-ef wier en moot-ef sef-en

„Liebling seines Vaters, hochgeschätzt von [wichtig für] seiner sanften Mutter."

ḫ3ḫ- k ʿḥ

hek-ah-hek ek ah

„Du musst zum Palast eilen."

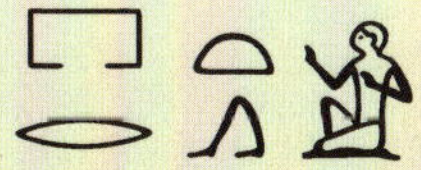

prt- i

peret- ee

„Ich musste sprechen."

EINE KÖNIGSINSCHRIFT

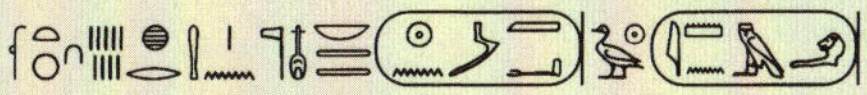

rnpt sp 19 ḥr ḥm n nṯr nfr nb t3wy n-m3ʿt-Rʿ, s3-Rʿ, imn-m-ḥ3t

ren-pet sep 19 hek-air hem en netcher nefer neb tar-way en maht-Ray, sar Ray, amun-em-het

„Jahr 19 [der Regentschaft] seiner Majestät des guten Gottes, Herr der zwei Länder Nema're Sohn des Re, Amenemhet III."

s-ḫpr-ni ḫt
s-heper-nenny heket
„Ich schuf Feuer."

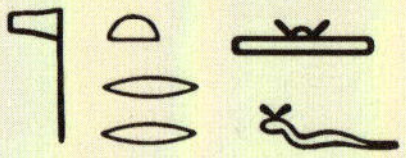

nṯrr-f
netcher-ef
„Er ist göttlich."

sḫ sn
sha sen
„Sie sind taub."

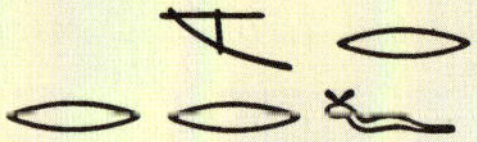

r mrr-f
r mer-ef
„Wie er es verdient/Wie er wünscht."

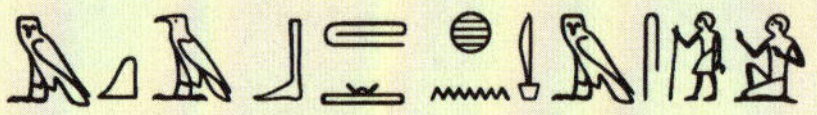

m ḳ3b ḫnms
em kab hek-en-mess
„Im Beisein von Freunden."

ḥtp n nṯr m ḫnt-š
hetep-en netcher em hek-ent-esh
„Der Gott ruhte im Garten."

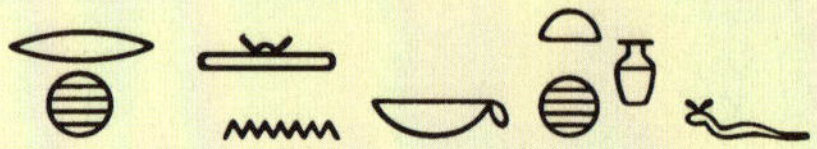

rḫ n- k tḫ-f
rek en- ek t-hek-ef
„Du wusstest, dass er betrunken war."

sw(r)i- f
swery- ef
„Er trinkt."

ḥrrt nbt nfrt
herret nebet nefert
„Jede schöne Blume."

ḥmt m kmt
hemet em kemet
„Ein Frau aus Ägypten/ägyptische Frau."

in mrwt ḥtpn
een merr-oot hetep-en
„Durch die Liebe des Verzeihens."

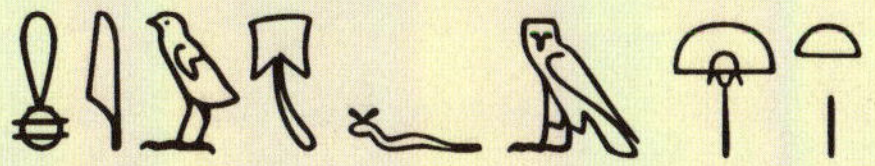

miw- f m šwt
me-ow- ef em shewt
„Seine Katze sitzt im Schatten."

iḫ tmi iš3-r
yo-hek temmy ah-shar
„Hier werde ich nicht sprechen."

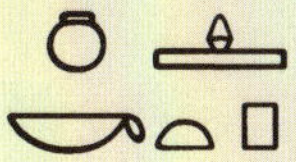

ink ḥtp
enk hetep
„Ich bin zufrieden."

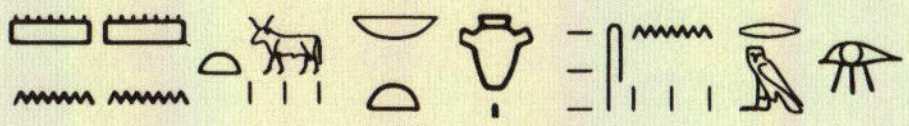

mnmnt nbt ibw-sn rmi
mement nebet iboo-sen remi
„Alles Vieh, ihre Herzen bluten."

ink sḥwr nb-f
enk shweer neb-ef
„Ich bin von seinem Herrn verdammt."

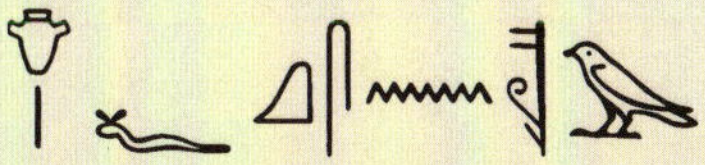

ib- f ḳsn
ib- ef kesen
„Sein Herz ist unangenehm."

dpt ḥr mw
depet her moo
„Das Boot ist auf dem Wasser."

in mri-k ḥmt-k
yo merry-ek hemet-ek
„Liebst du deine Frau?"

hy n-k
hay n-ek
„Gepriesen seist du."

ꜥ3 r it- f

ah ah it- ef

„Größer als sein Vater."

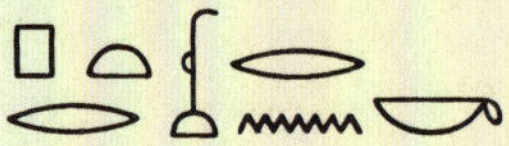

ptr rn- k

peter ren- ek

„Wie heißt du?"

nn ink tm

nen enk tem

„Ich bin nicht perfekt."

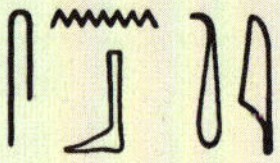

snb- ti

seneb- ti

„Auf Wiedersehen!"

kmt mꜥr

kemet meer

„Ägypten ist glücklich."

itrw ꜥš3

it-roo ash–ar

„Viele Flüsse."

ẖrd s mꜥr

hered s meer

„Ihr Kind ist glücklich."

s nb bṯn m pr- f

s neb betch-en em pair- ef

„Jeder ist in seinem Haus ungehorsam."

EINIGE WEITERE HIEROGLYPHEN

Hier finden Sie eine Auswahl von Zeichen, die in diesem Buch nicht vorkommen.

Abendessen *msyt*
allerdings *swt*
Augenbrauen *inḥ*
außerhalb von *m ḥr s3*

beste(r, s) *stpw*
Brillanz *i3w*

Ei *swḥt*
einzigartig *wʿty*
erklären *wḥʿw*
es gibt/gab *iwn*

früher *ḫntw*

Gedächtnis *sḫ3w*
gedeihen *rwd*
gehen *hp*
geschlossen *tm*
gestern *sf*
graben *3d*

heute *min*

ist *iw*

Jubel *hnw*

kahl *wš*

leer *šw*

Lippe *spt*

Million *ḥḥ*
morgen *m dw3(w)*

nicht sein *tm*

oft *ʿš3*

privat *ḏsr*
Privatsphäre *wʿʿw*

Sklave *ḥm*
Sklavin *ḥm.t*
später *ḥr s3*
spucken *psg*
Stärke *pḥty*
süß *nḏm*
Süße *nḏm ib*

traurig *ḏw*

um *ḥ3*

verbringen, die Nacht *sḏr*
verbringen, den Tag *wrš*
verjüngt *ḥwn*
versammeln *nis*

Wahrheit *m3ʿt*
weise sein *s3*

ZEICHENINDEX

Dieser Index enthält die wichtigsten Hieroglyphen, die in den Textbeispielen oder in den Beschreibungen der Grabmalereien, Papyri oder Inschriften verwendet wurden. Die Zeichen sind alphabetisch nach ihrer deutschen Übersetzung geordnet. Wenn Sie dieses Buch als Übersetzungshilfe bei der Entzifferung der Inschriften an ägyptischen Monumenten oder in Museen verwenden, ist diese Liste ein praktisches Verzeichnis, um die Hieroglyphenkombinationen aus dem Text wiederzuerkennen. Ein Vollregister des Inhalts folgt auf Seite 172.

A

Abend *mšrw*
Abscheu *bwt*
Adeliger *sr*
Affe *ky*
aggressiv *3d*
Ägypten („das Schwarze Land") *kmt*
All *nb*
alt *i3w*
Amt *h3*
Amme *mnʿ*
Amulett *s3*
Amun *ʿimn*
Anführer *wr*, *h3ty-ʿ*, *sr*
angenehm *nḏm*
angreifen *tkk*
Anubis *ʿinpw*
oder *ʿinpw*
Arbeit *b3k*
Ärger *knd*
Arm *ʿ*
Armee *mšʿ*
armer Mann *nḏs*
Atem *t3w*
Atem, fehlender *itmw*
atmen *ssn*
oder *tpi*
Atum *ʿitm*
auf *hr*
oder *hr*
aufgehen *wbn*
Aufseher *imy-r*
Aufstieg *k3y*
auf Wiedersehen snb-ti
Auge des Horus *wḏ3t*
ausspucken *k3ʿ*
Axt *3khw*

B

Bäcker *rthty*
bauen *kd*
Bauer *shty*
Beamter *sr*
Bedienstete *mdw*
Befehlshaber *tsw*
begraben *krs*
bei *in*
oder *n*
Bergarbeiter *iky*
beschwören *šn*
oder *šnw*
beten *nhi*
betrunken *thi*
Bewohner des Südens *rsiw*
Bier *hnkt*
Bild *twt*
Bildhauer *gnwty*
bis zum Boden verbeugen *ksw*
Blume *hrrt*
Blut *snf*
Bogenschnur *rwd*
Bogenschütze *pḏty*
Boot *dpt*
Brise *swt*
Brot *t*
Brust *mnd*
Bruder *sn*
Bulti, Fisch *int*
Bürger *rhyt*

C

Chepren *ḫpri*

Chnum *ẖnmw*

D

da *iḫ*

Deben *dbn*

Degen *b3gsw*

dein *k*

deine *ṯ* (fem.)

Delta *t3-mḥw*

Diadem *nfr-ḥ3t*

Diener *b3k*

oder *ḥry-pr*

Dinge *ḫt*

Djed *ḏd*

Doktor *swnw*

du *k* oder *ṯw* (mask.); *ṯ*

oder *ṯn* (fem.)

Duft *idt*

oder *idt*

durch *in*

Durst *ib*

durstig sein *ibi*

E

Edelsteine *ʿ3t*

Ehemann *h3y*

oder *h3y*

eilen *ḥ3ḥ*

ein anderer *ky*

einbalsamieren *sdwḥ*

Einheitsbefehlshaber *ṯsw*

einwickeln *ink*

Elle *mḥ*

er *f*

oder *sw*

erblich *rpi*

Erde *t*

erflehen *njs*

Erholung *sḫmḫ-ib*

ernten *3sḫ*

oder *3sḫ*

erschlagen *skr*

es *f* oder *sw* (mask.); *s*

oder *sy* (fem.)

essen *wnm*

euer *ṯn*, (Plural)

ewig *ḏt*

oder *nḥḥ*

Ewigkeit *nḥḥ*

exorzieren *šnw*

F

Falle stellen (Vögel) *sḫt*

Feind *ḫfty*

Feld *3ḥt*

Fest *ḥb* oder *ḥb*

Feuer *ḫt*

finden *gm*

Fisch *rm*

Flamme *sḏt*

Fleisch *wʿbt*

fliegen *p3*

fliehen *wʿr*

Flussmaß *itrw*

formen *ḫti*

Frau *ḥmt* oder *st*

oder *nbt-pr*

Freund *ḫnms*

Frieden *ḥtpw*

fremdes Land *ḫ3st*

Fuß *rd*

G

Gans *3pd*

Gärtner *k3ny*

Gauvorsteher *ḥ3ty-ʿ*

Geb *gb*

gegrüßet seid ihr *hy*

gehen, nach Norden *ḫdi*

gehen, nach Süden *ḫnti*

Geist *k3*

geizig *ḫnt*

Gemahlin *ḥmt*

oder *nbt-pr*

gemeinsam mit *ḥnʿ*

Gerste *it*

Geruch *sty*

Gesicht *ḥr*

oder *ḫnt*

gesund *snb*

Gewitter *snm(w)*

glücklich *mʿr*

Gott *nṯr*

oder *nṯr*

Grab *3ḫt*

Grabkammer *is*

gravieren *mnḫ*
groß *wr*

H

Hacke *ḫbs*
hart *rwḏ*
Haus *pr*
Hausdiener *wdpw*
heilig *wꜥb*
Heket *ḥkt*
hell *ḥḏ*
herausschreiben *sbḫ*
Herr *nb*
oder *nb*
Herr der zwei Länder *nb nswt t3wy*
Herrin *nbt*
Herrin des Hauses *nbt-pr*
Herrscher *iti*
hervorragend *ikr*
hervortreten *prt*
Herz *ib*
Himmel *ḥrt*
oder *pt*
hin zu *r*
hinausfahren nach *dr*
hethitisches Königreich *ḫt*
Hof *pr-ḏt*
Höfling *smr*
Honig *bit*
hören *sḏm*
Horizont *3ḫt*
Horus *ḥr*
Horusfalke auf Standarte *ḥr*
Horusfalke auf Zeichen für Gold *ḥr-n nbw*

Hund *tsm*
Hunger *ḥkr*

I

ich *i*
oder *wi*
ihm/ihn *f*
oder *sw*
ihnen *sn*
ihr (Singular) *s*
oder *sy*
ihr (Plural) *sn*
ihr zwei *ṯny*
ihre *s*
in *m*
in Bezug auf *r*
Inneres *ḫnw*
Insel *iw*
Isis *3st*

J

ja *tw*
Jagd *bḥs*
oder *bḥs*
Jahr *rnpt*
oder *rnpt*
Jahreszeit *tr*
oder *tr*
jeder *nb*
Jubel *ḥb-sd*
jugendlich *rnpi*
jung sein *ḥwn*
Jungfrau *ḥm.t*

K

Kampf *ꜥḥ3*
oder *ꜥḥ3*
kämpfen *ꜥḥ3*
Kartusche *mnš*
Kapelle *k3(r)i*
oder *r-pr*
Katze *miw*
Kind *ẖrd*
Kinder *msw*
Kleider *ḥbs*
kleiner Junge *šri*
König *nsw*
oder *n*
König von Ober- und Unterägypten *nsw-bit*
Königsherrschaft *ni-swt*
Königstitel (der Gute Gott) *nṯr-nfr*
Kopf *tp*
kopulieren *nk*
Kornspeicher *šnwt*
Körper *ḫt*
Kragen *wsḫ*
krank *mr*
Krankheit *mr*
Kriegsschrei *hmhmt*
Krieger *ꜥḥ3*
oder *ꜥḥ3*
Krokodil *msḥ*
Kupfer *bi3*
Kusch *k3š*
küssen *sn*

L

Landschaft *sḫt*
Lapislazuli *ḫsbd*

lasset (Wunsch) *imi*
Leben *ꜥnḫ*
leben *ꜥnḫ*
lieben *mri*
  oder *mri*
Lob *i3w*
  oder *hnw*
Lotosteich *š3*

M

machen *iri*
Magie *ḥk3*
  oder *ḥk3*
Majestät *ḥm*
Mann *s*
  oder *s*
Medizin *pẖrt*
Meer *w3ḏ-wr*
mehr als *r*
mein *i*
Menge *rḫt*
Menschen *rmṯ*
Menschheit *rmṯ*
messen *ḫ3i*
Milch *irtt*
Militärexpedition *wḏit*
Mine *ḫ3t*
mir/mich *i*
  oder *wi*
mit *m*
Monat *3bd*
Monument *mnw*
Morgen *dw3t*
Mumie *wi*
Mut *mwt*
Mutter *mwt*

N

nahe *ḥr*
Name *rn*
Nase *fnd*
nein *nn*
Nekropolis *ẖr(t)-nṯr*
nicht *n*
  oder *nn*
Nomade *šm3*
Nomos *sp(3)t*
  oder *sp(3)t*
Norden *t3-mḥw*
Norden, gehen nach *ḫdi*
nubisch *mḏ3iw*
  oder *nḥsy*
  oder *iwnt*
Nummer *rḫt*
Nut (Göttin) *nwt*

O

Obelisk *tḫn*
Oberägypten *šmꜥw*
Öl *mrḥt*
Opfergaben *ꜥ3bt*
opfern *ḥnp*
Opferpriester *ibḥ*
Opfertafel *ḫ3w(t)*
Osiris *wsir*
Osten *i3bty*

P

Palast *ꜥḥ*
perfekt *tm*
Pflegerin *mn*
pflügen *sk3*
Phallus *ḥnn*
Pharao *pr-ꜥ3*
Plan *sḫr*
  oder *sḫr*
plaudern *ꜥš(3)-r*
Priester *wꜥb*
Priester, im Tempel *wnwt*
Priesterwürde *wnwt*
Prinz, erblicher *ḥ3ty-ꜥ*
Ptah *ptḥ*
Pyramide *mr*
Pyramidengrab *mr*

R

Rat *sḫr*
Re *rꜥ*
regieren *ḥk3*
rezitieren *ḏd*
Richter *ḏ3ḏ3t*
Rote Krone *dšrt*
Rotes Land *dšrt*
ruhen *ḥtpn*

S

Säge *m33*
sagen *ḏd-mdw*
salben *sft*
Salbungsöl *sft*
sanft *sfn*
Sänger *šmꜥit*
Sängerin *šmꜥit*
Sarg *ḳrsw*
säugen *snḳ*
Schatten *šwt*
Schiffer *nfw*

Schild *ikm*
schlafen *ꜥwy*
Schlange *ḥf3w*
oder *ḥf3w*
schlecht *bin*
schmecken *dp*
Schmerz *3hw*
schön *nfr*
Schönheiten *nfrw*
schreiben *sš*
Schreiber *sš*
schwanger werden *iwr*
Schwert *sft*
Schwester *snt*
Sed-Fest *ḥb-sd*
sein (Verb) *wnn*
sein *f* (mask.); *s* (fem.)
Seth *s(w)tẖ*
oder *s(w)tẖ*
Sichel *m3*
sie (Singular) *s*
oder *sy*
sie (Plural) *sn*
Sieg *nḫtw*
Siegelring *ḏbꜥt*
Silber *ḥḏ*
Sobek *sbk*
Sohn *s3*
Soldat *wꜥw*
Sommer *šmw*
Sonne *rꜥ*
oder *rꜥ*
sorgen, sich *snḏ*
Speer *šsr*
Speisen *šbw*
Spiegel *ꜥnḫ*
Stab *ḫt*
Stadt *niwt*
stark *rwd*
Statue, Ähnlichkeit *twt*
Stein *jnr*
sterben *mwt*
Stimme *ḫrw*
Streitaxt *ḥḏ*
Streitwagen *wrrt*
Süden *rśwt*
Süden, fahren nach *ḫnti*
Sumpf *sḫt*
süß *nḏm*
Syrien *rṯnw*

T

Tag *rꜥ*
tanzen *ḥb*
Tasse *ꜥꜥb*
taub *sḫ*
Tempel *ḥwt-nṯr*
oder *ḥwt-ꜥ3t*
Terror *nri*
Theben *w3st*
Tochter *s3t*
Tod *mwt*
Toth *ḏḥwty*
trauern *i3kb*
Tribut *inw*
Trieb *st*
trinken *sw(r)i*
Trunkenheit *tḫi*
tuet nicht (Imperativ) *m*
tun *iri*
Tür *sb3*
Türkis *mfk3t*

U

Überschwemmung *3ḫt*
oder *i3ḫi*
Überschwemmungszeit *3ḫt*
umarmen *inḳ*
umdrehen (Vogelhals) *wśn*
unangenehm *ḳsn*
ungehorsam *bṯn*
uns *n*
unser *n*
unter *ḫr*
unter (der Herrschaft von) *ḫr*
untersuchen *ḫ3*

V

Vater *it*
verärgert *ḳnd*
oder *ḏnd*
verehren *dw3*
Verehrung *sns*
vergeben *ḥtpn*
Vergnügen *sḫmḫ-ib*
Vergnügen finden *ḫntš*
verlangen *mri*
oder *ib*
verrotten *ḥw3*
verstümmelt *i3ṯ*
verzaubern *i3mt*
viele *ꜥš3*
Vogel *3pd*
von *m*
von (Gen.) *n*
oder *m*
Vorlesepriester *ẖr(y)-ḥbt*
vorwärtsgehen *pri*

W

warum *ḥr m*
was *ptr*
Wäscher *rẖty*
Wasser *mw*
Wein *irp*
weinen *rmi*
Weizen *bdt*
Wesier *ṯ3ty*
wichtig *wr*
wie *m*
  oder *r*
Winter *prt*
wir *n*
wir zwei *ny*
wissen *rẖ*
Wissen *rẖ*
Witwe *ẖ3rt*
  oder *ẖ3rt*
wohnen *ḥmsi*
wünschen *mrr*
Wurfstab *ꜥmꜥ3t*

Z

zählen *ip*
Zahn *ibḥ*
Zauberspruch *r*
Zaubersprüche *ḥk3w*
Zeit *rk*
zerstören *ḥdi*
zeugen *wtt*
Zorn *knd*
zu (einer Person) *n*
zufrieden *ḥtp*
zuhören *sḏ*

LITERATURVERZEICHNIS

Bairnes, John und Jaromír Málek *Bildaltlas der Weltkulturen Ägypten*, Bechtermünz Verlag, 1998

Hart, George *Ägyptische Mythen*, Reclam, 1993

Das Totenbuch der Ägypter, Eingeleitet, übersetzt und erläutert von Erik Hornung, Artemis, 1990

Lurker, Manfred *Lexikon der Götter und Symbole der alten Ägypter*, Scherz Verlag, 1987

Tyldesley, Joyce *Hatschepsut. Der weibliche Pharao*, Heyne 2001

Forman, W. and Quirke, S. *Hieroglyphs and the Afterlife in Ancient Egypt*, British Museum Press, 1996

Gardiner, A. *Egyptian Grammar*, Aris and Phillips, 1957

Lichtheim, M. *Ancient Egyptian Literature*, Vols. I and II, University of California Press, 1975

Malek, J. *The ABC of Hieroglyphics*, Ashmolean Museum Publications, 1994

Moran, W. L. *The Amarna Letters*, The Johns Hopkins University Press, 1992

Parkinson, R. B. *Cracking Codes: The Rosetta Stone*, British Museum Press, 1999

Parkinson, R. B. *Voices From Ancient Egypt: An Anthology of Middle Kingdom Writings*, British Museum Press, 1991

Walters, C. C. *An Elementary Coptic Grammar of the Sahidic Dialect*, Aris and Phillips, 1977

Watterson, B. *Introducing Egyptian Hieroglyphs*, 2nd edition, Scottish Academic Press, 1993

Watterson, B. *More About Egyptian Hieroglyphs*, Scottish Academic Press, 1986

REGISTER

BEACHTEN SIE: Kursiv geschriebene Seitenzahlen beziehen sich auf Bildtexte.

DANKSAGUNG UND BILDNACHWEIS

Die Herausgeber möchten Helen Strudwick für ihre Hilfe bei den Hieroglyphen danken. Außerdem danken wir allen nachstehend angeführten Personen, Museen und Fotoarchiven für die Erlaubnis zur Veröffentlichung ihres Materials. Es wurde alles unternommen, um dem Copyright Genüge zu tun. Die Herausgeber behalten sich Fehler vor, die nach Bekanntwerden in allen weiteren Auflagen korrigiert werden. Die folgenden Abkürzungen kommen zur Verwendung:

BM: British Museum

JL: Jürgen Liepe/Ägyptisches Museum, Kairo, Ägypten

Seite 1 BM (EA117); **3** BM (EA99013); **4** BM (EA24); **5** BM (EA10471/21); **7** Art Archive/Kairo Museum/Dagli Orti; **8–9** BM (EA10470/6); **11** BM (EA24); **14** AKG/Louvre; **17** JL/ Kairo Museum (JE38368=CG42127); **18** JL (JE54313); **21** AKG/ Erich Lessing; **23** BM (EA64661); **25** Art Archive; **26–27** Art Archive/Kairo Museum/Dagli Orti; **28–9** AKG/Erich Lessing; **31** Bridgeman Art Library/BM; **32** AKG/Kunsthistorisches Museum, Wien; **34–35** JL (JE46724=CG76); **37** Corbis/Roger Wood; **39** Bridgeman Art Library; **41** BM (EA10470/33); **42** AKG/Kairo Museum; **44** AKG/Henning Bock; **46–47** BM (EA10471/21); **48–49** Graham Harrison; **51** AKG/Erich Lessing; **52** AKG/Erich Lessing; **53** JL (JE48035); **55** BM (EA22332); **56** BM (EA37984); **58–59** Art Archive/Louvre/Dagli Orti; **61** BM (EA999/24); **62** Robert Harding Picture Library, London; **65** JL (CG48406); **67** AKG/Louvre; **68** Corbis/Dagli Orti; **71** Werner Forman Archive, London; **73** JL (JE42948); **74–75** JL (SR11488); **77** JL (CG3&CG4); **78–79** BM (EA3077); **80** JL (JE4673=CG52645); **81** JL (61467); **83** BM (EA117); **84** The Stock Market, London; **87** AKG/Museo Archaeologico, Florenz; **88** BM (EA99013); **91** Stone/Getty One; **92–93** Art Archive/Devizes Museum/ Eileen Tweedy; **95** AKG/Rijksmuseum van Oudheden, Leiden; **97** BM (EA10686); **99** AKG/Kunsthistorisches Museum, Wien; **101** BM (EA41549); **102–103** Robert Harding Picture Library, London; **105** AKG/Erich Lessing; **105** BM (K69842); **106** JL (JE44866); **109** AKG/Kunsthistorisches Museum, Wien; **110** BM (EA198144); **112–113** JL (JE15210=CG394); **114** JL (JE32018=CG257); **116-117** JL (JE10065=CG20); **119** AKG/Erich Lessing; **121** Bridgeman Art Library/Fitzwilliam Museum, Cambridge; **123** JL (JE30986); **125** Art Archive/Cairo Museum/Dagli Orti; **127** Art Archive/Dagli Orti; **128** JL (JE40679); **130** BM (EA10470/30); **132–133** Chris Caldicott; **134** Art Archive/Dagli Orti; **136–137** Art Archive/Cairo Museum/ Dagli Orti; **139** Corbis/Artur Yann-Bertrand; **140** AKG/Erich Lessing; **143** Art Archive/BM; **144** BM (EA10554/81); **147** JL (JE72171); **149** Bridgeman Art Library/Giraudon; **150–151** AKG/ Erich Lessing